U0133390

｜吾道文丛｜

返本开新

郭齐勇

著

岳麓書社·长沙

图书在版编目(CIP)数据

返本开新/郭齐勇著.—长沙:岳麓书社,2023.10
(吾道文丛/万俊人主编)
ISBN 978-7-5538-1819-1

Ⅰ.①返… Ⅱ.①郭… Ⅲ.①郭齐勇—自传 Ⅳ.①K825.1

中国国家版本馆 CIP 数据核字(2023)第 075693 号

FANBEN KAIXIN

返本开新

作　　者:郭齐勇
丛书主编:万俊人
出 版 人:崔　灿
策划编辑:黄友爱
责任编辑:刘　文　刘小敏
责任校对:舒　舍
封面设计:赤　祥

岳麓书社出版发行
地址:湖南省长沙市爱民路47号
直销电话:0731-88804152　0731-88885616
邮编:410006

版次:2023 年 10 月第 1 版
印次:2023 年 10 月第 1 次印刷
开本:787mm×1092mm　1/32
印张:8.875　插页:4
字数:112 千字
书号:ISBN 978-7-5538-1819-1
定价:56.00 元

承印:湖南省众鑫印务有限公司

如有印装质量问题,请与本社印务部联系
电话:0731-88884129

作者 2019 年 10 月在法国巴黎作主旨报告

作者（前排左一）及兄弟姐妹与祖父母合影

作者（中排右一）与父母亲、兄弟姐妹及两个侄儿合影

作者与恩师萧萐父先生在波士顿大学

作者与萧萐父、章开沅先生

作者（前排右二）与李德永、唐明邦老师及教研室同仁合影

作者夫妇与胡治洪、丁为祥、秦平合影

作者与贺麟、陈修斋、杨祖陶先生

作者拜访梁漱溟先生

作者在费正清中心拜访史华慈教授

作者在哈佛大学拜访杜维明先生

序　言

　　《湘水》主编黄友爱先生约我写这本小书。我已七十有五，也到了总结一生的时候。这里把平日所写的回忆录集中起来，略加修改，因以付之。

　　一生处在变异的时代，经历过中国社会近七十年的变化。少年时读过李六如（季交恕）先生的《六十年的变迁》一书，从中了解了民国的一些故事。回顾我的一生，似乎总是处在"近百年未有之大变局"的氛围之中，时代的基调是变易、变迁、变化。青年时处在"造反"的时代，名曰"有理"，实则"无理"。在那种有悖常理常情的日子里，连要不要亲情，要不要师道尊严，要不要常识常理都成了问题。愈到晚年，愈感到由变到常，由动到静的重要，主张品味日常生活平易、恬淡的滋味，回归常识、常情、常理、常道。

明清之际大儒王船山先生深论变与常之理，肯定"变而不失其常"，"变合常全，奉常以处变"，强调流动性（变）与常住性（常）的"两端而一致"。

我的专业是中国哲学史，尤以儒学为主。我的生命、生活与事业融合成一体。一方面，处今之世，由常到变，从五伦到六伦，发展出新时代的新伦理。另一方面，又从变到常，万变不离其宗。

我现在更加体会到坚守做人做事基本原则的重要！检讨自己的一生，有局限有短板，有忏悔有自责，当然也有庆幸有喜悦，有成绩有收获。总的说来，自己还未背离圣贤、父兄、师友的教诲，堂堂正正地做一个人！

"风声雨声读书声，声声入耳；家事国事天下事，事事关心。"沪上疫情，俄乌战争，令人揪心。

孔孟的理想，虽不能至，心向往之。可叹已至垂暮
之年，虽有心，力不能企。

衷心感谢责任编辑刘文兄的精心编辑。

是为序。

郭齐勇

2022 年 4 月中旬于武汉

目 录

第一章

巡司河畔的郭家老屋

我是湖北省武汉市人，1947年10月出生于武昌一个小商的家庭。祖父有点文化，毕业于武昌高级商业学堂，曾当过湖北艺专的总务科长，在当地属于社会贤达。父亲在布店当过学徒、店员，做过资方代理人，曾帮别人经营一家布店，后做点小生意养家糊口。母亲操持家务。我们兄弟姐妹七人，我是男孩中最小的一个，有四位兄长、一姐一妹。

　　据传，我家远祖是从山西辗转迁到江西来的，而我们这一支又是在"江西填湖广"的人口迁徙运动中，约于清代从江西迁来湖北的。那时从江西迁居到武昌鲇鱼套至巡司河一带的人家应不在少数。

祖上有耕读传家的传统。大概到了高祖、曾祖与祖父这几代，都是靠从湖南通过水路运输木筏、毛板船来做木板、寿木生意过日子的。清末至民国期间，武汉的用煤，主要靠湖南运来，运载工具是无动力的简易毛板船，船来后将煤堆在离我们家不远的炭场角，船则就地拆卖。

祖父生于光绪十八年（1892年），属龙，曾在武昌高级商业学堂（又称武昌高级商业甲种学堂）读书，那时能上高商的人不多。他曾考上官费留日，有机会到日本留学，因是独子，曾祖父走得早，曾祖母的生活无人照料，没有走成。祖父毕业后当过湖北艺专总务科科长。

祖父在我们那一带，即武昌城边八铺街、新桥街那一带威信很高，属于社会贤达一类的人，是当地慈善机构"至善堂"的负责人之一，也曾当过保甲长。抗战时武汉沦陷，日本人来的时候，要他做武昌市（当时叫武昌市）商会会长，他坚决不干，蓄须明志。父亲设法把祖父安顿到汉口法租界里去躲起来，住了一段时间。祖父隐退后，继续做木板、寿木生意，也做过粮食生意，都是小买卖。1949年后，祖父在街道办业余夜校，教街坊识字，也组织民间诗社，与友人唱和。我们板厂街有郭家、汤家、曾家三大姓。祖父算是民间性的儒生中的一员，一种生活化的民间下层的儒商，热心公益，教育子孙做到仁义忠信、乐善不倦。他是新派，英文、数学都学得很好，毛笔字、英文都写得很好，让后辈读新书，也读《古文观止》。解放初期，祖父还曾当过武昌区的政协委员。

可惜我们的家谱毁于1956年，前辈的很多人与事都不可考。我只知道，先祖父是"正"字辈，讳正堃，字子厚，以字行。先父是"修"字辈，讳修绪，字幼陆。先父兄弟姊妹八人，四男四女，先父为长子。我们这一辈是"齐"字辈。大概我们家这几代是以《大学》中的"格、致、诚、正、修、

齐、治、平"为辈分的，可惜我们这一代之后未能
继承下来。我们的名字基本上是祖父取的，大哥名
"礼"，大哥后面的一位哥哥名"义"，不幸夭亡，祖
父本来要按"礼义廉耻"来取名的，因齐义兄夭折，
二哥的名字则改另一思路，取为"家"。三哥出生时
恰逢祖父的五十大寿，父亲坚持取名为"庆"。四哥
与我的名字则叫"智"与"勇"，是按孔子提倡的
"三达德"来取的。姐、妹的名字分别为"娴"与
"淑"。我本有一弟弟名"彪"，三四岁时病亡。先父
母生了九个，成活的有我们七个，五男二女，过去
讲这是最有福气的家庭，兰桂齐芳，七子团圆。

我是老武昌，1947 年 10 月 7 日（丁亥年八月廿
三日）生于巡司河畔。巡司河畔的老屋——板厂街
9 号，以及青石板路的新桥街、八铺街，有我童年
与少年的记忆。

我们家就住在武昌城外巡司河畔新桥旁边的板
厂街。小时听父亲讲，北伐时叶挺的部队就是从新

桥打进武昌城的，而大革命失败后写了《试看今日之蒋介石》的郭沫若则是通过我们屋后的货运铁路上的火车离开武汉的。护城河——巡司河是我们的母亲河，河水从武泰闸经过新桥（过去水面窄，此桥的前身是廊桥，桥上有围栏，有顶与瓦，后改为石木桥）、解放桥（以前叫中正桥，也曾叫王惠桥，解放后修成水泥桥，修桥时一度在旁边架过浮桥），通过鲇鱼套与长江相连。虽然汛期长江水倒灌入河，我们家那一带至八铺街一带往往淹水，住户不得不临时迁居到堤内张江陵路一带的人家或学校去，颇为不便，但一般说来，汛期以外，巡司河两岸的环境还是比较好的。河水清澈，我们用水、吃水、淘米、洗菜、钓鱼、游泳，都在此河中。家里有大水缸，我们从河里挑水，用明矾澄清。20 世纪 50 年代后半期至 70 年代则是到街里的自来水站去排队买水，先是 8 厘钱一担，后是 1 分钱一担。夏天在屋门外摆竹床乘凉或睡觉。我很怀念住在巡司河畔老屋里的日子，那里有很多有趣的童年生活的记忆。70 年代后期我们家离开了祖居之地，随三哥搬到珞珈山。而那以后，巡司河遭受厄运，成了垃圾场，污染严重，臭不可闻，后用水泥板给盖上了，上面跑汽车。如今，巡司河之武泰闸至解放桥段已没有了。但其上游，从江夏到南湖段蜿蜒流淌。在其进入长江的武泰闸更是成立了整治巡司河的专门机构。

我们是长房，与先祖父母住在一起，兄弟姊妹都受到祖父母的言传身教。祖父教我们学习，每天写一张大字、一张小字，做十几道算术题，还背诵范文诗词等（祖父挑选的古诗文与新诗文）。小时候四哥偏瘦，我偏胖，家人叫他为瘦子，叫我为胖子。我俩一瘦一胖，一高一矮，形影不离。1954 年 8 月底，我到武昌四小（保安街）报名，学校老师说我实足年龄未满 7 岁，让我过一年再来，其实我也就差一个多月。我哭着回家找祖父，他牵着我再去四小，请老师通融，才报上了名。上小学后，祖父仍给我们布置家庭作业，仍是写大小字、做算术、读范文等。家里有一些蒙学读物（"三百千千"）、颜氏家训、朱子治家格言及一些善书等，祖父母、父母亲口中常说"黎明即起，洒扫庭除"，"积善之家，必有余庆"，"火要空心，人要忠心"等。家里的堂屋有香案、八仙桌、太师椅等，中堂挂有书法家路达的手迹——"忠恕"两个大字，堂西面还有很高的神龛，供奉"天地君亲师"、四代祖宗的牌位与诸神。我还记得，小时候，每逢初一、十五与各节气，祖母、母亲摆上供品，带着我们几个小孩敬香、跪拜。七月半还要在屋外烧纸钱、烧包袱等。记不得什么时候，大概是 50 年代晚期，"大跃进"以后，除少数日子外，基本上停止了这些活动。到"文革"被几度抄家，则完全砸烂了神龛及一些家具。先祖父寿 84 岁，先祖母寿 86 岁。

小叔、小姑与长兄年相若，1949 年以后，他们参军、参干、去外地读书，给家里带来新的思想。

祖父与父亲关心时政，家里常年订《人民日报》或武汉市里的《大刚报》或《长江日报》，自小学高年级起，我与四哥就开始读大报了。

先父是一位极平凡的人，只有高小文化程度。因为家大口阔，他是长子，13岁就离家去汉口江汉路一家布铺当学徒，做生意，后来当会计。我的大哥、二哥告诉我，父亲曾对他们说过，他当学徒时，一个月才能回一趟家，他看着江水就想哭，非常想家。他与先母一起，承受极大的生活压力，努力照顾祖父母和诸叔叔姑姑，养育我们兄妹。父亲也曾做行商，有时到上海，有时到襄阳、樊城、老河口。在抗战期间，他赚的钱多数给祖父母养大家，少量才给母亲养小家。祖父名下的老宅是父亲赚钱改扩建的，由木板屋变成三进的砖瓦屋，有前面的工场（作坊），中间的天井，还有后院等。尔后又架了电线，点上了电灯。我的大姑父母因生活无着落，1947年秋找到南京化工兵的子弟学校与幼稚园教书，后随军赴台湾，住在花莲。他们赴南京时的生活费与盘缠，也是父亲给的。父亲解放后摆竹篾摊，公私合营时几家私人的竹篾竹器店合在了一起。父亲后来在国营土产商店当会计，每个月不到50元，养一大家人。他也拿过定息，一季度才一元几角钱。"文革"前四清运动重划成分时，划了个"资方代理人"。那是因为解放前三年他在汉口一家布铺为一位湖南的商人做代理，负责经营管理的全盘。父亲经历了抗战、内战、解放后的公私合营与"文革"等历程，一生艰辛、勤劳、敬业、尽责，即使在"左"的氛围与压力下也不改变做人的原则。

我们小的时候，常听父亲说，人活着，要有志气。父亲于2004年6月4日去世了，享年91岁。他去世前一个多月，很吃力地、断断续续地对我说过一些话，我记忆很深的有这样两层意思：一是说，我这一辈子，没有害过人，从不搞坑蒙拐骗，不欠公家、他人一分钱，对得起自己的良心，对得起公私商店的老板、负责人和朋友；二是说，我也放心了，你们兄弟姊妹都走上了正路，没有一个吃喝嫖赌的。他临终前的这些话，很平实，很普通，而且说的都是一些伦理底线的内容，但这就是中国老百姓的生活信念、价值观念。

我的父母亲再苦再累也努力把幺叔培养出来，资助他上了文华中学与中山大学。我的大哥在文华中学读初中时跳了一级，提前毕业，自主选择上了中专，享受全额助学金。大哥选择上高工，一方面是向往并立志投入新中国的工业建设，另一方面也是考虑到家里经济状况不好，负担太重，读中专不要学费。他1953年就出来工作，先在省工业厅，后到沙市从事轻纺工业与科技方面的技术工作和领导工作。因为当时读师范也是靠助学金，二哥1956年考上北京师范大学，三哥于同年考上武汉一师。二哥、三哥读书时很节俭。二哥暑假不回家，勤工俭学，寒假回家，在火车上吃学校食堂里买的窝窝头，他 1960 年留校教书。三哥 17 岁毕业就分到武汉市第十四中学教书。三位兄长协助父母供我们四位弟妹读书。在我的记忆中，我们四姐弟妹上小学中学时，虽然当时学杂费、书本费不贵，但因家大口阔，每年的学杂费都是分几次缓缴的。

先母是大冶保安镇朱山头人。外祖父家朱姓，祖上在清末民初曾在镇江、南京做小官，母亲童年时还住过镇江、南京。外祖父是讲武堂的学生，曾做过监利税务局局长。母亲名讳致明，又名善宝，小名和和。她成年后一直用善宝之名，此名显然源于《大学》引述的《楚书》："楚人无以为宝，惟善以为宝。"母亲是长女，与致雨舅舅很亲，我们两家来往密切。她只有初小文化程度，能背诵一些蒙学读物与朱柏庐《朱子治家格言》等，一生辛劳，克己奉人，与人为善，是治家的能手。母亲常讲将心比心，让我们设身处地为别人着想，她经常帮助邻里，人缘很好，街坊都亲切地称她"大嫂子"，对这位"郭家大嫂子"十分尊重。母亲于 2006 年 2 月 9 日走了，享年 93 岁。母亲对我们的身教言教，难以言表，永世难忘，最重要的就是她老人家随时随处总是首先替别人着想。先母的爱、善良、仁慈、包容与谦和，是留给我们后人的最大财富。

每每念及双亲在苦难困顿中谋生、治家的艰辛，一幕幕场景浮现在心头。我仿佛又回到武昌城边巡司河畔、新桥边的老屋（板厂街 9 号），看到父亲瘦弱的身影，母亲边做饭边与我拉家常。他们抚育了我们七位兄弟姐妹及若干孙子女，让我们身心健康地成长，多么地不容易啊！

我自孩童至青年间，目睹双亲在贫寒的家境中，如何节衣缩食，孝敬老人又抚育我们，一桩桩一幕幕，历历如在目前，至今难以忘怀：一觉醒来，煤油灯下母亲仍在补补连连。邻居李医生一家人都很善良，他们家有缝纫机，母亲向李太太学缝纫，她很快学会了剪裁，常到李家为我们做衣服。她把父亲与我们收拾得干净宁馨。全家老少吃穿的安顿，繁重家务已使母亲十分辛劳。我 11 岁那年，1958 年，为了生计，她又与另几位女性一起拉板车送货。母亲毕竟很少外出干活，没有经验。一次从新桥到武汉重型机床厂（20 多里路，当时路况很不好），拖着一车沉重的竹篙，道路泥泞，母亲弯腰使劲搬动陷于泥沟的车轮，未及调整姿势，不料车轮从一只脚背上轧过……当年年底，母亲又大病一场，卧床数月。

生活的重压使父亲很少有笑容。然无论多么困苦，隔数月或半年，父亲总要牵着我们最小的三兄妹到武昌的长街（解放路）一玩，或者到群众剧场、人民电影院看一场电影，然后走到司门口曹祥泰食品店，一定给我们每人买一两个便宜的点心，让我们站在曹祥泰门外吃。小妹问他为什么自己不吃，他推说不爱吃甜食……有一年大哥回来了，他也把我们三兄妹带到长街，进一家书店，帮我们买科技方面的通俗读物，买点心糖果。四哥与我有时把买早点的钱攒下来买书。暑假，我们到煤店做煤，赚一点工钱，做一个假期才几元钱。

三年困难时期，父母都严重浮肿，他们想方设法，瓜菜代，让全家老小度过饥荒。记得父亲与三哥从单位或在自由市场买回南瓜、藕、红薯，或一点羊油，那都是全家很高兴的事。寒假，三哥买了一些电影票、戏票让我们看电影、戏剧等，说是以精神生活补充物质生活。

"文革"时老屋被公家没收，老屋里挤进了四户人家，祖父母与我们只剩下两间小屋。娴姐远赴郧县工作，智哥读书刚参加工作，我与淑妹则下乡当知青，分开过以后，经济上更为紧张，"文革"后期家里很困难，父母亲完全靠咸菜、豆腐乳过日子。

80年代以后，国家的状况好了，我们家里的生活也大为改观，父母曾到沙市、北京与武汉几家长住，我们哥嫂姐妹与姐夫妹夫等都尽力让他们活得愉快。父亲1978年中风后坚持自主锻炼，很有毅力，每天坚持下楼走三千步，渐渐康复，生活基本自理。母亲1991年装了心脏起搏器，她几次大病，都逢凶化吉。由于大哥嫂做表率，我们兄妹很团结，在赡养老人方面都能通力合作，尽心尽力。

先严先慈大人健在时，一大家四代人其乐也融融。先父为我誊抄过稿子，1999年先母甚至在我主持郭店楚简国际学术会议时一边操持家务，一边为我做"秘书"，在我外出时竟代替我接答过不少电话。

父母相继离开了我们，使我们真正体验到"子欲养而亲不待"的痛楚与悲怆。我再也不敢夸口"君子三乐"的第一乐。虽然他们晚境都好，且寿过九旬，然而作为人子，仍有诸多的遗憾与怅惘。先严先慈含辛茹苦，全力养育了我们，恩重如山！尤其是他们于细微处教我们如何做人的身教言教，都已春风化雨，潜移默化在我们兄弟姊妹的身心之中，又由我们传给下一代。

我们家也算是教师之家，七兄妹与配偶共十四人中，除大嫂是省工商银行技改处高级工程师（原为沙市向阳纱厂工程师），淑妹是荆州棉纺织印染厂职员外，十二人都在教育部门工作。大哥从沙市调回武汉后，任国家科委计算中心负责人、国家科委管理学院党委书记兼副院长，这一单位近年并入华中科技大学。二哥一直在北京师大教育系任教授、博士生导师，他是中国教育史家，系中华孔子学会副会长，弘扬中华文化，倡导儿童读经，并且身体力行，又曾在北京师大珠海分校讲授中国传统文化课程，主要讲《四书》《老子》等。二嫂是北京师大实验小学的数学老师、班主任。三哥是武大附中教语文的高级教师、主管教学的副校长，一度还兼党总支副书记及工会主席。三嫂是武大附中教历史的高级教师。四哥曾任洪山中学主管教学的副校长，马房山中学的党总支书记，教语文的高级教师，是武汉市劳动模范，湖北省优秀班主任与优秀园丁，曾在大方学校主持教学管理工作。四嫂是洪山中学教数学的高级教师、年级主任。姐夫是郧阳师专物理系教授、系主任，姐姐曾任该校财务处处长，被评为湖北省先进会计工作者。妹夫是沙市机械工业学校教物理的高级教师。我在武大教书，内子则是武汉电力职业技术学院教水力学、水轮机的高级讲师。我们的下一代中，又有四位侄儿女、外甥女与婿等在大中学任教。

我们郭家的家训：祖父一生坚守"诚实不欺，公平守信，热心公益，乐施不倦"的信条，"以仁义忠信教育子孙"。父亲告诫后人："一要诚，二要清。诚心、诚实、诚朴；清廉、清白、清净。"大哥教育我们："寿本乎仁，乐生于智；勤能补拙，俭可养廉。"感恩我的先祖，感恩我们的家风、家教，这是我们成为健康的社会人的基础。

最后再讲讲我的岳父母。岳父朱济川先生自

1930年进入武汉大学工作，一直在该校总务、教务部门做职员，曾任科长。1952年院系调整时，调到武汉水利电力学院任教务科长，直至70年代中期因病退休。岳父好静，平日工作中好动脑筋，特别负责任，有些事还带到家里来做。他与世无争，心灵手巧，会修缝纫机与手表。他会拉京胡，是京剧票友。抗战期间，他与岳母随武大一道西迁乐山，曾任朱光潜教务长的秘书。80年代初，我们陪岳父母到北京旅游，还专门去北大拜访朱光潜先生。"文革"中，他也到长阳干校等处劳动多年，吃了不少苦。"文革"期间，岳父一家被迫迁居到无厕所的平房，单间十几平方米的房子。他知道武大一些老前辈的很多掌故，常对我娓娓道来。岳母没有工作，操持家务，善剪裁与缝纫，生活很节俭。岳父母大人相濡以沫、心心相印一辈子，晚年几乎同归道山。平日岳父身体很好，1993年3月忽然大病住院，我们在医院照料，平日身体衰弱的岳母在家，心里很着急，也病卧在床。4 月 11 日岳母在家里走了，13日岳父在医院也跟着去了，他们到天国相会，再互相扶掖。他们过着平凡的生活，一生老老实实做人，寿 84 岁。

我的祖父母、外祖父母、父母亲、岳父母、舅父母、兄嫂姐妹等，都以不忍、恻隐之心关爱、接济亲友、邻居、学生、水旱灾年的乞讨者等。先母常对我们讲"勿以恶小而为之，勿以善小而不为"，"老吾老以及人之老，幼吾幼以及人之幼"，这些都潜移默化为我们的生活信念与方式。我们做人、为人、待人接物，自然就走上积善成德的路。儒家仁、义、礼、智、信、忠、孝、诚、恕的理念并不是空洞的教条，而是在家庭长辈、学校老师无言与有言之教的熏陶下，浸润、转化为我们的心性与行为的。

第二章

昙华林里的中学时代

我记忆中最深的是新桥的老屋和整个中学时代学习生活过的昙华林十四中。

　　1954年至1960年，我就读于保安街小学（武昌四小）。在小学，我与四哥在一起，他高我一个年级。记得我们低年级在四小分部，是很破旧的老屋，下雨时教室里漏雨，教室外还有一座土地庙。有一次下雨，中午老爸来送伞，我被老师留着不让回家，原因是外面下大雨，教室内下小雨，我与同学们装疯，双手拍桌子嬉笑。老师见我父亲来了，才放我回家。1958年大办钢铁，我们小学生也参加，曾到梅家山挖观音土，曾挑着箩筐过长江大桥，到汉阳去挑铁矿石，一来一回，很累却不觉累，很兴奋。那年，家家夜不闭户，都去挖观音土，打坩埚，土法上马炼钢铁。我们还在城市人民公社的食堂吃过饭，中午吃一餐，不要钱。我与四哥都是保安街小学少先队的大队委，六年级时我还当上了大队长。我还到汉口解放公园参加过义务劳动，挖土挑土，为做少年英雄吕锡三的墓园。

小学毕业，当年没有小升初的考试，我被分配到三十一中。因长我 6 岁的三哥齐庆先生在十四中执教，他向校方要求让我到十四中就读，便于他照顾，十四中欣然同意了。我进校后约两年，三哥离开了十四中，但他负担了我从上初中一直到结束下乡，招工到工厂的十多年的生活费。1960 年到十四中住校读书，是我一生非常重要的关节点。因为十四中当年是省重点中学，师资水平较高，学生也都不错，校风很正，在这里我受到良好的教育，由少年成长为青年。

由 13 岁少年到 21 岁青年的 8 年（1960 年 9 月—1968 年 11 月），我与十四中和昙华林结下了不解之缘。昙华林也是青石板路。我不仅初高中各三年在此，而且 1966 年高中毕业后，因"文革"仍滞留在学校，直到下乡插队才离开。这 8 年，即我的整个青春期是在十四中住校度过的。

中学时代，一般周六下午课后步行回家，经过十里长街，在司门口或民主路的新华书店蹭书看看，再回到新桥家中与祖父母、父母亲和兄弟姐妹们团聚，周日晚饭后匆匆返校。返校的路线，一般先走到实验中学，继往积玉桥方向走，再穿过戈甲营进入昙华林，或者从司门口过青龙巷穿粮道街或棋盘街过去。戈甲营住户较多，人口稠密，而从戈甲营进入昙华林后往十四中走，则比较荒凉。晚上灯光昏暗，走这一段路还真有些害怕，有同学说那里还有一个太平间，经过时不觉毛骨悚然。后来有一家军乐队住在那里，吹吹打打，略为热闹一点了。总体上，那时的昙华林是很窄的巷子，比较沉寂、晦暗。

十四中引为自豪的是，曾是抗战期间（1938年）郭沫若任厅长的国民政府军事委员会政治部第三厅的所在地，我少年时就读过郭老的《洪波曲》，他笔下的昙华林与珞珈山，与我的一生有太多的交集。我们读书时，那座两层楼的老房子（是木结构地板房），一些老师还住在那里，但已经是危房，走在楼板上吱吱呀呀地响。

十四中对面当时是华中师院的一部分，双方都有院墙隔着，中间是窄窄的马路。那是华师中文系师生学习生活的地方，由于其前身是教会学校文华书院，校舍带有西式风格，十分典雅。我们几位喜欢文史哲的同学常常过去散步，那里有枝叶茂密的梧桐树、大操场与钟楼。

我心中关于昙华林的美好记忆，主要是十四中的学习生活及老师同学们的情谊。十四中的前身是省一中，底子厚实。我们读书期间，十四中正值鼎盛时期，当时虽没有如现在升学率、排名的竞争压力，但在师资水平与教学质量上，圈内是公认的，十四中当时与省实验、市一中等少数几家是省属重点中学，排在全省前几名。在汪子英校长、刘克刚主任等主政时期，十四中的教风、学风很好，严谨诚朴，培养了不少优秀人才。我们读书的年代，十四中一度成为武大附中，武大为十四中输送了很多优等师资，而且珞珈山一带几所大学的附小成为学生来源。一般中学的师生很难听到名牌大学书记、校长、教授的报告，而我们却享受了这些特殊待遇。1960 年代初，一些来自各高校的优秀毕业生在武大集结，拟在培训之后赴苏联读副博士，由于中苏交恶，他们中的一部分人被充实到十四中任教，如彭咏松、贺律智、刘可立老师等。

现在我们一些即将古稀之年的老同学聚在一起，每人都可以说出十四中教过我们的二十多位老师的姓名与行迹，其中一些老师已经作古，然而他们的音容笑貌永远活在我们心中。王希明、张树人、刘乐芳、张丽华老师当过我们的班主任。余伟臣、刘研一老师是我们的语文老师，向伯言老师是物理老师，陈邦鉴老师教我们的立体几何。那时物质条件很艰难，老师们多住在东区平房，每户只一间不到20平方米的房子，厕所、自来水管是公共的，西区山上的宿舍略好点，约有一间半，但仍是窄屋浅房。现在想起来，我们都觉得十分心酸。但老师们十分敬业，真是一心扑在教书育人上。

我们在昙华林时代的学习生活是全面的，各科都学，从不偏科。化学实验室辜老师与同学们关系很好，实验课都是我们自己动手打理。当时课外活动较活跃，劳动课上凤凰山开荒，也曾到过东西湖农场等地住上一周或10天。体育是十四中的强项，足球队很有名。我们每天清晨与下午都玩单双杠、爬竿等，要在周长300米的操场跑上七八圈。早锻炼后我们各人在山上或教室早读。学校图书室是我们课余常去的地方，有一些名著小说及新的书报杂志，我喜欢文科的兴趣是在那里培养起来的。初夏的晚自习最有意思，几个大探照灯照在大操场上，同学们三三两两，铺上草席，复习功课，准备考试，互不干扰。

我在十四中读书时一直当班干部，初一、初二是学习委员，初三入团，当班长。当时初二叫七年级，初三是八年级，我们八（三）班是很有名的尖子班。高中时，从高一到高三，我都在三班，我一直是班长。

关于十四中的温馨的回忆还有很多。困难时期，三哥有时把他在教工食堂吃的稍好一点的食品留给我吃，我与一些同学一样，把米饭积攒起来，用一个干净脸盆装着，周末带回家去。先父母都曾到过昙华林，一次突然变天，父亲给我送来衣服，母亲则专程来出席了一次家长会，还发了言。内子朱德康是我中学时代的同班同学，德康也是初三入团的。我与她的姻缘结于此地，相识相知于兹，当然更主要是后来下乡在一个小队，又一道被抽到同一家工厂，自然地走在一起，共同生活了 40 多年（现已近 50 年）。我们有共同的老师、同学、朋友与共同的昙华林心结。我们的老同学唐远璋后来成为我们的妹夫，下乡天门成就了他与淑妹的姻缘。

1966 年我学会了游泳。1967 年暑假我与同学们参加横渡长江前的集训，住在武汉测绘学院，每天两次步行到东湖边的武大游泳池苦练蛙泳。当时的要求是必须在静水中连续游 800 米，我经训练后可以游 1500 米。当年我参加了八一渡江，先试游了一次，8 月 1 日又正式游，从武昌大堤口下水，抢着向汉阳游，长江汉水合流的大水把我们冲到汉口滨江公园。当年的八一渡江因组织工作的失误，出了大事，仪仗队的一些队员被踩，死伤了一些学生。我与同仁受命寻找我校失踪的三位同学的遗体。我曾三次横渡长江，两次在武汉，一次在沙市。荆江江面没有武汉宽，但水流较急。我现是个弱不禁风的老头，青年时代却曾三次横渡长江。

住在昙华林的最后阶段是"文革"时期，有不堪回首的回忆。陈邦鉴老师自杀，张惟聪老师被体罚，许简老师被批判……我自己也因出身不好受到压抑。正因为有对"文革"那一段非人性不正常生活的反省，我们才格外怀念昙华林十四中期间的温情与美丽。

第三章

天门乡下的青葱岁月

回首"知青"生涯，总免不了思绪万千，浮想联翩。我们这一代人有不同于上一代人和下一代人的生命历程和生命情调，有特殊的遭遇、坎坷、磨难、困惑与痛苦，有异代人难以理解的喜怒哀乐。我们属于充满激情和理想主义的一代，我们曾经盲目地然而却是真诚地拥有为理想、为国家、为他人英勇献身的精神，并付诸了实践。在那段令人刻骨铭心的日子里，我们被抛到社会最底层，在茅屋、土地、油灯、扁担、犁耙中体验人生，理解民间疾苦，领悟中国文化的乡土之根。

　　反思过去，瞻望未来，我们一方面多少有些留恋那稚嫩的莽撞的苦斗，那蹉跎岁月中青春、热血和汗水的奉献，以及第二故乡的风土人情；另一方面，又为自己的思想蒙昧和"文革"氛围重压下的精神自戕、自我萎缩而汗颜，为自己后来经历了思想解放，并逐步摆脱教条主义的精神枷锁，觉悟到知识分子的自立之道和生命自我的飞腾超越而暗自庆幸。

原罪与救赎

我们生活在没有基督教文化背景的社会，实际上很难体验西方人的原罪感及其意义。我这里所说的"原罪"，是极左年代的所谓阶级原罪，即笼罩在所谓"阶级敌人"及其后代，尤其是知识分子头上的无形的紧箍咒——罪感意识，生而有罪的意识，父债子还的意识，低人一等的意识。

知识分子上山下乡运动的历史，远远早于"文革"。即使不谈1949年以前的革命中的类似行为，至少可推至 20 世纪 50 年代中后期和 60 年代前期。所有这些都是与青年知识分子的思想改造、自我革命联系在一起的。我个人在"文革"以前，在 1964 年读高一和 1965 年读高二时，就已向学校提出过不再念书而奔赴农村或边疆务农的要求。记得母校武汉市第十四中学（当时的省重点中学，我们读书的时期曾一度为武大附中）汪子英校长、刘克刚主任（教务）专门与我谈过话，劝我打消此念，认真读书。我当时十分欣赏董加耕、邢燕子、侯隽等前驱者，决心以他们为榜样。然而在下意识里，这种要求却是与自己的"出身不好"有关系的。当时的一种内在痛苦，是渴望参加革命而因所谓"出身"问题和"海外关系"问题不得参加革命的痛苦。这种阿 Q 的苦恼在我们班上（重点班，同学们多数是高等院校教职员的子女或城市工商业者的后代）特别突出。

　　1966 年春夏之交，正处在高三毕业、准备高考的我，受北大、武大"文革"巨变的鼓动，与班上几个最具"革命敏感"的同学一起，于6月5日晚给校党总支贴出了全校的第一张大字报，强烈要求学校立即停课，积极投身到火热的"文化大革命"运动中去。次日形成了全校学生以请愿和大字报为主要形式的"六·六"运动。省市迅速派出了以一位资深的团省委副书记为首的工作组处理此事。后来我们才知道，我与另两位同学被工作组和党总支内定为"三家村"小"反革命集团"。

我们当时无疑是激进的左派，是毛泽东的十分幼稚且狂热的信徒。然而由于我们必须承受祖宗父母带来的"出身罪"，而不能参与"革命"，因此，我们革命的动机首先为当局所怀疑，且视为异己，随之而起的以红五类出身为主体的青年红卫兵运动，不仅把我们排除在外，而且把我们（所谓"黑五类"子女）也作为斗争或准专政对象。历史往往无情地嘲弄历史的参与者。我们这些"先知先觉"的造反者很快被"后知后觉"的造反者所抛弃，历史的旋涡总是使中心滚到边缘，而边缘人物每每占据中心。在红色恐怖的日子里，教过我们立体几何的、十分敬业、十分有水平的陈邦鉴老师因有所谓历史问题，在家中用剪刀割喉自杀而死，而当夜我们奉命守在小山坡教工宿舍周围，几乎就在他的门外。教过我们化学的女老师张惟聪先生是全市有名的中学化学权威，被红卫兵强力剃了阴阳头，跪在大操场上暴晒……

十分可悲的是，我个人在这种局势下陷入严重的精神自戕、肉体自虐的境况之中，陷入了偿还原罪的苦闷和折磨之中。这种精神奴役的创伤之深，是一般人很难理解的。而我们这种等外公民的救赎之道，只能是自责、自虐，以及奴性十足地服从强大的他在力量的安排。尤其不能原谅的是，我还竭力表白自己积极参加革命、接受改造并努力自我改造的决心，也干过不少蠢事。例如，我这个连任几届的班长给自己班的两任班主任刘乐芳老师、张丽华老师写过大字报，揭发她们给青年学生推荐青年修养方面的"毒草"；积极参加当局领导的批斗活动，特别是对许简老师写作的《三言两语》的批判，我曾查阅报刊，上纲上线地说他抵制反修；也曾追随红卫兵到住在武大、水院、科学院水生所等班上的几位同学（他们的父母是高级知识分子）家里去"扫四旧"，在唐小蓓同学家还高声指责她父亲这个"老右派"；为表示"脱胎换骨"，我曾主动地天天打着赤脚到开水房为几栋教学楼的开水桶挑开水；1966年暑假，我在家中收到班上红卫兵的一封勒令信，让我集合我的祖父母、父母亲等全家人，高呼"老子反动儿混蛋"等十几条口号，每条连呼数遍。我照办了，虽然痛苦至极，仍然造了祖父母、父母亲、叔父母的反，并写勒令让他们扫街、佩戴自辱的黑符号……在所谓"批判资产阶级反动路线"之后，我们这些"黑五类"子弟也"咸与革命"了，组成了"红十月战斗队"，虽然是比较文雅的，但也不免偏激。我记得我与几位同学在大年三十跑到"走资派"邓铁生书记家里狠狠训斥了他一通。

这些不堪回首的往事，也许放在特定的"文革"环境中算不得什么。但"文革"过后，痛定思痛，深感当年在"左"的氛围中，自己的所思所言、所作所为，是多么有违人性啊！或许恰好因为自己有"黑五类子女"这顶帽子的限制，才没有走得更远。我虽对当时的滥打滥杀无辜、"打砸抢抄抓"的无法无天状态深感恐惧，对给我们师长们的种种侮辱（如剃阴阳头、戴高帽、体罚等）深觉不公和不平，然毕竟是在激进主义的氛围下长大的，总是以《毛泽东选集》中赞扬湖南农民运动的革命逻辑来说服自己，竭力与家庭、尊长、"反动学术权威"的师长划清界限。

1967年元月，由于苦闷、无聊，由于处于一种"被抛"的生存处境中，我急于找到一个躲避残酷的现实和"罪恶"家庭的地方，与另三位"黑五类子女"王津新、吴炯珞、何峥生同学一起扒车去乌鲁木齐，请求加入新疆生产建设兵团。在我们的想象中，那里不仅是沙漠里的绿洲，也是理想的乌托邦。父母及兄长姐妹含泪送我远行，以家中仅有的一点钱为我买了行装。我们四人扒了数道火车，几经辗转，终于到了乌市。然而由于当时国务院有令，不准兵团招人，无论我们如何苦苦哀求，兵团坚决不予通融。万般无奈，我们四人在乌市盘桓一周后，不得不打道回府。

上述这些跪着造反、扭曲人性的心态和行为，虽然发生在"文革"背景下，虽然当时我尚不足20岁，然至今我仍不能原谅自己，为自己的怯懦、曲顺、无知、盲动特别是伤害亲友、师长的行为而深深地负疚，深深地忏悔。

人性的复苏

1968 年 11 月，我们在久久等待之后，终于第一批自愿下乡。下乡前一日，我们戴着光荣花，站在卡车上，随长长的卡车队，在武汉三镇游行（大家叫游街），与生养我们的大武汉告别。我们班上的同学们虽几经斗争、分化，但大体上还能坐在一起，讲同窗的情分。我与邱申新、陈世钟、彭淑念各带一队，奔赴天门县若干公社的生产队安营扎寨。邱申新、温庆余等同学在"文革"中表现出少有的怀疑精神，常提出一些发人深省的问题，不像我等那样地信奉教条，唯书唯上。对于上山下乡运动，有一些同学是持有异议的。但我仍十分"革命"，心甘情愿地接受贫下中农再教育，真诚地希望通过劳动汗水的洗礼，改造自己的立场、观点和方法。当时我的确没有想到后来还会返城，确实属于拼命苦干的扎根派。

天门即竟陵，是茶圣陆羽的故乡，即使在我们下乡的时代，那里的自然生态仍未破坏，可以称得上"山清水秀，人面桃花"。从城关到渔薪再到我们队（杨场公社金星一大队四小队）都有水路，河水清澈见底，两岸绿树成荫。由于水土较好，肤色白净的年轻媳妇与姑娘们喜欢穿着红红绿绿的线绨质料的漂亮衣裳在棉田锄草，一字排开，煞是好看。她们老是嘲笑城里下乡的女知青们只穿黑色、蓝色的制服。后来由于好大喜功政策的干扰，环境污染日趋严重，特别是汉北河挖通之后（我们曾在汉北河水利工地苦干了五个月），县河成了死水，据说今天已不忍闻睹了。水土已遭污染，真不知"人面桃花"安在否？

中国农民是十分实在的一群人，在那"割资本主义尾巴"，限制农民种自留地，限制养家畜、家禽，甚至种什么、怎么种、什么时间种都一任上级发号施令的情况下，农民们对当局的种种限制常能做出俏皮的挖苦和消极的反抗：他们充分发挥了黑色幽默的天才。我们这群苦行僧在田里拼命干活，由于不得法，常弄得十分狼狈。他们常拿我们打趣，田里充满了笑声。农民是十分善良的，笑归笑，帮归帮，他们总是善意地帮助我们，为我们做了知青点的房子，安顿我们的衣食住行，问饥问寒，送菜送粮，尽可能关心、爱护我们，教我们一些干农活的技巧、方法，也包括偷懒的方法。我们挑狠了，干猛了，他们常说的一句话就是"不要把一辈子的饭一口吃完了"，提醒我们爱惜身体。我们开始干活总是弄得浑身脏兮兮的，而他们则暗示，身上干净才是最佳能手。他们以十分宽容的态度接纳我们，我们暂时做不出漂亮的活，他们总爱说："草鞋无样，边打边像。"

他们不仅纠正了我们的苦行主义，制止了我们的自虐自戕，也暗暗地纠正了我们信奉的斗争哲学。当我们按照教条主义虚幻的所谓阶级分析法，要去斗争"地富反坏右"时，他们总是巧妙地回避，而他们自己对所谓五类分子（其实多数为地主、富农的子女或城里阶级斗争激化后遣返到乡下的所谓"资本家"等）则特别有人情味。在我们看来，五类分子是我们的敌人，然在老百姓看来，我们这是愣头青，可能被当局视为"准五类分子"，需要他们保护。记得1969年在皂市白湖围垦时（帮部队建农场），早春时节，春寒料峭，五类分子要先跳到刺骨的水里作业，农民总是想各种办法让他们早一点从水中起来。农民不仅制止我们蛮干，还教会我们在工地上抢饭吃的策略，如第一碗多盛快吃，第二碗少盛快吃，一定要抢盛第三碗，然后慢慢吃。至若我们的访贫问苦活动，则往往由于他们一谈起苦来就抱怨1959年而不得不打住。开始我们听时还做记录，他们声泪俱下地讲如何吃榆树皮、吃观音土的事，讲如何拉不出屎来，讲哪家的娃子死了，但后来一听，才知道是"大跃进"以后的事情，故不再记录了。每每"忆苦思甜"活动，以谈三年灾荒时期饿死了谁，谁家外出逃荒而不得不草草了事。

在乡下，我们真正体验了民间疾苦和我国农村文明程度的低下。我下放的湖北天门处在鱼米之乡的江汉平原之中，可我们与当地人一样，常常是"三月不知肉味"，少有鱼肉吃，少有大米吃，吃得最多的是粟米、大麦米。大麦米的做法是：先在锅里干炒，炒熟之后用水一煮，实际上没有经过破碎加工的大麦米很难煮烂（且柴火本来就很缺乏）。如此煮成的大麦米饭，当地叫"qū米茶"（我至今不知qū是何字）。夏天基本上吃此。因为不易消化，拉出来的常常是整颗整颗的大麦粒。食用油则是用没有蜕壳的棉籽榨的油，黑色的，有很多黑色沉淀物。在水利工地上，每餐吃蒸的钵饭，每钵二三两粟米，上面加一斤胡萝卜。蒸后的胡萝卜不好吃。菜则以腌菜、腐乳为主，都是自己在家里做好，带到工地上的。农村不仅少吃，也少教，特别是一些女孩子，根本无法读书。我们知青用自己的钱，买了一些课本、笔、纸等，办起了识字班，给孩子们扫盲，教他们唱歌跳舞，稍稍活跃了当地的文化生活。

由于我们与乡亲们相处甚洽，感情甚深，我们离开时，乡亲们都动了真情，流了泪水，送了我们鸡蛋等物品。因为限制养鸡，他们的鸡蛋一般卖了换针线，在当时很甘贵。乡下的生活使我感受最深的是，我懂得了仁爱、慈孝、信义、和谐等保存在民间里的中国传统文化的基本价值，使人们的人性从"残酷斗争""无情打击"的"文革"氛围中渐渐复苏，渐渐体验到人与人之间情感的力量。那种斩断亲情、师生情和阉割人性之爱的所谓"阶级斗争"，其实有多么荒唐。我们的头脑里充满着有悖人性的"斗争""专政"之类的教条，而乡土的生活却是充满温情的。农民虽然在应付上边的号令时表现出不少机巧或狡黠，但在日常生活中凸显的却是淳朴。他们内在的价值指导，仍是孟子所说的："恻隐之心，人皆有之；羞恶之心，人皆有之；恭敬之心，人皆有之；是非之心，人皆有之。恻隐之心，仁也；羞恶之心，义也；恭敬之心，礼也；是非之心，智也。仁义礼智，非由外铄我也，我固有之也，弗思耳矣。"(《孟子·告子上》)民间生活把我们内在的四端之心启导了出来，教会了我们做人的根本。而这些耳濡目染体验到的仁义礼智信、善良、和平，与天天灌输给我们的"无产阶级专政下继续革命"的"仇恨""斗争""理论"，反差竟是那么强烈。现在想起来，我真是非常感谢天门乡下的父老乡亲们的关照，特别是对我复苏仁爱之心、良知善性的切实启导。这些启导往往是无言的。从这个意义上说，我们接受的是无言的再教育，是实际的人生，是良心的复归。

多余的评价

红卫兵运动和知青运动是有着密切连带关系的事件。研究 20 世纪 60—70 年代的思想史、文化史、社会史，不能不研究极左思潮背景下的这两大运动。研究的视域和方法完全可以多元化，评价和诠释尺度不必也不可能统一。

我在乡下待的时间不长，只有一年零七个月，而且我待的地方，条件还算不错，民风也淳朴。因此，我的体验和感受，与待得更长一些或更苦地方的同学、亲友相比起来，也就颇不相同。在我被招到湖北省化工厂（地处应城）当工人之后，我的一些同学及我的妹妹，又在乡下生活了 4 年，有的甚至 8 年。他们吃了不少苦头，特别是精神上的压力渐渐增大。新鲜感丧失后，物质文化生活的极度贫乏和单调就成了大的问题，有的甚至受到来自政治、情感诸方面的摧残。

　　后来在洛杉矶教书的我班才女冯达美，在天门机械厂当工人多年，只是恢复高考后才得以返城。更苦的是书呆子黄颐同学，因高度近视，在乡下待了8年，而后才抽回汽车运输站当搬运工，也是到恢复高考后才回武大的。黄老弟赴美多年，曾在美国一家最好的物理实验室做博士后。他的垂垂老矣的父母相互搀扶着在校园散步时将这一消息告诉我，言谈间似觉非常欣喜、满足。这两位老教授膝下再无别的子女，黄老弟的妻小也早已随他客居大洋彼岸。每每看到他父母的孤独无依，不觉悲从中来。龚一平同学也在乡下待了8年，回汉后开过小小机动车，也赶上最后一班车考上大学，在一家中学当娃娃头，40岁出头才有孩子，夫人下岗，仍面临糊口之忧。孙俊同学还算顺利，在北京环卫局法制处工作，也是借大学毕业分配之机，在省教委前领导张树芝同志的关照下，才解决10多年两地分居的老大难问题。她的儿子又考回武大，读书很用功；而她自己已是一身疾病，形容憔悴了。我们班上更多的老知青们仍在平凡的岗位上，在社会下层工作与生活着。

总的说来，知青下乡是当局在"文革"期间解决城市劳动力过剩的失业危机之不得已的举措，也是消解城市动乱源头之一的红卫兵运动的一种方式。其实，城市知识青年大批安置到本已劳动力过剩的农村去，实际是反现代化的流向。80 年代中期直至今天仍不熄灭的"民工潮"，即农业过剩人口大量涌入城市打工的流向，才是现代化的正流向。"知青运动"与"民工潮"恰是相反的两极。相形之下，"民工潮"比"知青潮"的社会震荡更为剧烈，也更有意义。

知青下乡是人才的大浪费，这是肯定的。而且当年知青下乡发生过许多社会问题，最终不得不终止了。

知青这一批人，年龄跨度有十多年之久。70 年代的中学生，我不太熟悉。60 年代的中学生，实在是很苦的一代人。在他们长身体的时候，他们遇到主要是人祸引起的物质生活的大饥荒；在他们长知识的时候，他们遇到精神生活的大饥荒。他们现已年届中年，不少人成为各行各业的骨干，有一部分人面临新的失业危机的困扰。平心而论，"老三届"一代人是最具韧性的一代人，最受磨炼的一代人，最有敬业精神的一代人。他们给予这个社会的很多很多，而社会给予他们的却很少很少。黑格尔说过：人不能脱离他的时代，正如不能脱离他的皮肤一样。朱熹夫子也说过："无所逃于天地之间。"我们总是处在理想与现实的撞击之中。我们只能以平常心回首过去。从这个意义上来说，我们的青春与血汗的奉献还是值得的。

就我个人来说，下乡的那一段日子是值得怀念的。虽然因出身与所谓海外关系问题（我的大姑母一家因生活所迫于1948年迁台）受到牵连，十分自卑，但农民不因此而鄙弃反更亲近。逐步地，我渐渐恢复了自信，特别是复活了仁爱之心。这段生活至少为我奠定了这么一个基础，即尽管我因为其他的缘会，在离开了农村又当了 8 年工人之后，于 1978 年 31 岁时有幸考入大学深造，尽管我现在忝列高校教席，但我的本根是平民。这不仅因为我的祖父、父亲只是武昌城边、巡司河畔的小小商人，更因为我有当普通农民、当普通工人的近 10 年的经历。现在我是一个平平实实、独立不苟的平民知识分子，决不沾染贵族习气，无意巴结权贵，依傍权势，特别关怀农家子弟，适时予以资助。我总是把自己当作一名"知青"，总希望不脱离此根，即中国文化的乡土之根。

中国的学问是生命的学问。儒释道三家的哲理，需要吾人切实地体验。我的生命的意义和价值在于默默地工作，为培养平民的后代尽心竭力，在社会需要时，不妨作狮子之吼，代表平民的心声和社会的良知。

第四章

八年工人的生活感受

1970 年 7 月至 1978 年 10 月，我在湖北省化工厂当了八年工人，是现代大型企业的产业工人。

当时厂里的干部主要来自湖北省化工部门与文化部门的"五七干校"，至于工人的来源，我们第一批 800 名工人是来自附近四县的武汉下乡知青，后来的工人是被占了土地的应城县的农村青年。我与朱德康、肖建平、倪诗真等老同学一起被招到应化。我出身不好，没想到第一批招工就招上来了。进厂多年后才知道是老李同志招的我。他参加过抗美援朝，但因出身不好，未被重用。他听杨场公社的人说我表现好，肯干，就把我招进来了。

1970 年 7 月至 1973 年 1 月，我们赴株洲化工厂、株洲电厂、沙市热电厂、衢州化工厂培训（在株化的时间最长），1973 年 1 月以后才回到本厂所在的应城东马坊。在沙市热电厂培训时，因那时大哥嫂在沙市工作，我常到他们家去蹭饭吃。后来到应化后，也曾为技术改造事到沙市出差，得到大哥嫂的支持与帮助。

我与德康分在不同的培训队，我在株洲时，她在茂名，后也来到株洲。我到衢州时，她仍在株洲。我回到应化时，她还在衢州。我们也在沙市相会。那一段时聚时散，靠两地书相互联系。

我的工种是电工。一般地说，电工是相对自由的，人们常说："站死的车工，坐死的钳工，玩玩打打的是电工。"站在机床前从事车、铇、铣的工人是很累的。钳工与电工相对自由一点。电工也应具备钳工的手艺，三级电工应有二级钳工的本领。我在湖北化工厂（简称应化）动力分厂的电气车间电修班和给排水车间电工班工作过，是普通工人，兼任过电气车间团总支副书记、给排水车间电工班班长。同事有陈冠华、任可、曾长青、陕大坤等，我们都是侠肝义胆的朋友。朱德康在电气车间自备电厂当过运行工和检修工。

20世纪70年代中国的化工基本上还是三酸两碱，即化工专家侯德榜先生的制碱法。侯氏制碱法是将氨碱法和合成氨法两种工艺联合起来，同时生产纯碱和氯化铵两种产品的方法。国家急需我们厂生产的纯碱，而本省也需要化肥。我们厂是1970年建厂的，老省长张体学亲自来参加破土动工的剪彩仪式。我们进厂时根本就没有到厂区，那里还是农田，我们直接到外地培训去了。以后中央批了十几套从罗马尼亚等国进口的石油化工设备，比我们厂的设备先进多了。

我们接受工人启蒙教育的株化、衢化，都是1950年代建的厂，主要的工人队伍，即我们的师傅辈，基本是所谓"582"，即 1958 年进厂，70 年代还是二级工的那一代工人。也就是说，所谓八级工资制，当时并未实行，他们从满师后成了最起码的二级工，每月拿 30 多元钱，不到 40 元。10 多年了，他们的工资一直未动过。他们要养家糊口呀！那个时代中国的工人源于中国的农民。我们的师傅都来自农村，他们的朴素与散漫，在工厂的体制下继续保存着。

在株化培训时，我与吴耀祺、李涤新、李曾寿等几位当学徒时，学的是电器修理，就是修电动机（马达）与变压器，从最小的可以拿在手上的小电机到电厂里的 6000 千瓦、12.5 万千瓦的发电机。我们学会拆装电机、清洗轴承、绕各种线圈、嵌入线圈、烘烤电机、试运行等，以后在其他几家工厂，我们还修理过大型的变压器、油开关。刚进株化时，有一位龚师傅对我们影响最大。老成持重的龚师傅出身不好，但他是技术能手，肯动脑筋，而且动手能力强，技术活难不倒他，大家遇到难题都喜欢找他切磋。他的口头禅是："草鞋无样，边打边像。"我一辈子都记得这句话。这种实践、摸索的精神，伴随了我的成长。

我还记得在株化工人俱乐部大礼堂参加全厂职工大会的情景。有时是传达、学习文件，有时是听厂领导作报告。会议结束时必唱《国际歌》，歌声嘹亮，声波震荡，似乎要冲上礼堂的顶盖，冲进工人的心灵。这很像我们看过的苏联电影的某些场景。这就是当年我们所处的"左"的文化氛围。印象深刻的是厂党委书记（高干）传达林彪事件的那天晚上，我与培训队的几位工友周保森等人，在住地外站着，想聊天又不知说什么好，可谓口嗫嚅而咨嗟。天气有点冷，我们的身体微微地颤抖着。

在培训队，我与德康是老大哥老大姐，像我们这样把高中学业全部学完了的"老高三"（1966届高中毕业生）是很少的，因此自然当起了"老师"，教工友们学中学的数理化。那时年轻工友们很好学，但底子差，多数人只是初中低年级水平，培训队把大家组织起来学习。我们带过的化工厂下一代，如小潘、小匡、小胡、小孙等，后来都是厂里的骨干。我们也自学，如当时我就自学过微积分、电工学、电学理论等。

株化、衢化及我们应化，当时算是大化工厂。还有吉林化工厂、大连化工厂，我厂也有人在那里实习、培训。应化是小徒弟，那几家都是老师傅。当年这些化工厂"跑冒滴露"很严重。当时我们没有环保意识，也不懂自身的防护，闻氯气是家常便饭。应化的设备、材料常常被人偷走，防止偷盗成为令厂方头疼的事情。

在应化，我们曾受命组织合成氨大塔罐内壁的涂漆烘烤。涂抹清漆另有专家，我们电工班负责的是：给平放的塔罐缠上绝缘材料，再把粗铝裸线缠在绝缘材料上；运变压器到现场，给铝线通低压电。

这是用电磁感应的方式加热。这是技术活，也是力气活，总厂调来了很多干部职员参加劳动，我指挥他们缠绕电线。此类事搞了两三次。

在给排水车间的电工班，我们在技术部门的支持下，对厂区外的十几口深水井实行了遥控技术的改造。控制线的敷设也是我们的任务，我们借用现有的电线杆，架设控制线。我在大学的朋友与学生都以为我只是个文弱书生，不知道我青年时代也曾粗犷豪放、孔武有力，头戴安全帽，身穿工作服，腰间系着安全带，屁股上挂着工具夹，趴在水泥电杆上作业。水泥电杆一般有 8 米、10 米、12 米的。好在我们不专门做外线活，也不用立杆，只是借用现存的电杆，挂上我们的遥控线。我们不必也不能挂得太高。那时爬电线杆用的是传统的登杆器，即老式踩板，踩板本身就重，登一副，须往上挂另一副，不如现在脚扣式登杆器方便。

当时工厂的管理不是今天的企业管理，基本上还是行政管理的那一套。当时学大庆，工厂管理主要是政治化、半军事化式的管理。我们应化初建时和建厂后很长一段时间，领导机构叫指挥部，领导人叫指挥长、副指挥长。领导机构里比较有权力的部门是政治部。厂部大楼与车间和班组是脱节的，甚至是有点对立的。总厂、分厂的机构叠床架屋，人浮于事，我们工人称总厂、分厂里的机关干部、技术人员为"他们""大楼的"。

当时贯彻"鞍钢宪法"，强调"两参一改三结合"，即干部参加劳动，工人参加管理，改革不合理的规章制度，干部、技术人员与工人三结合。但这只是纸上谈兵，根本上是官本位与机构膨胀问题。一家工厂，上上下下有那么多机构、机关，既然有那么多机构与干部编制，既然工人可以"以工代干"慢慢爬上去当官，一些工人就没有心思安心钻研技术，做技术工人了。那时强调的"工人阶级领导一切"，其实是虚浮的，因为工人的主体性意识没有形成，又没有自己的组织，工会只是搞点福利与娱乐。工人是被管理的，在工厂的管理上并没有什么发言权。我曾写过对本厂机构改革的几点意见，交上去了，领导让人跟我敷衍了几句，打发了。我是刺头，走到哪里都爱提意见，所以也一直是被领导们明恭维暗防范的对象。应化还有子弟学校、技校、夜校等，有时也请我们去讲讲课。

我与德康于 1973 年结束培训，先后回到应化。我们于 1974 年 7 月在北京旅行结婚，住在北师大二哥嫂家。二哥嫂当时只住一单间，他们给我们借了一间房做我们的婚房。

原来不敢做上大学的梦，高考制度恢复给了我们机会。高考报名时我在外地出差，是德康帮我报的名。我俩双双考回武汉，我上武大，她上水院，这当时在厂里是有点轰动的。

1978 年 10 月离开湖北省化工厂来武大上学时，我已是三级工了（那时同辈人大多为二级工，三级工并不多见）。当时很兴奋，曾填过一首《诉衷情》的词以明志。我俩读本科期间，一直是厂里给我们发工资。

我们离开应城回到武汉，一方面是考上了大学，实现了夙愿，另一方面，这也解决了家里的现实问题。岳父母大人年老多病，身边无人照顾，有时打电报让我们回去，收到电报时已在三天之后（尽管直线距离不到100公里）。我们没有门路，调不回去。这一下好了，可以兼顾了。这相当于我们考了个武汉市的户口，辗转十年后，重新成为武汉人。我的父母亲当时年龄不是太大，身体尚好，且家中有三哥、四哥可以照顾他们。

第五章

思想饥荒时的读与写

我们这一代人，生长在物资匮乏、思想与学问饥荒的年代，真正读一点书，是从"文革"时思想的苦闷、迷惘与饥渴中开始的。我因家庭出身不好和有所谓海外关系，是"黑五类"子弟，处在社会边缘，这种生存处境，触发我所思考的问题自然不少。我所在的武汉市十四中是省重点中学，历史悠久，藏书很多。我们长期住校，与图书馆的老师很熟，常到图书馆看人文社会科学的书籍与杂志，渐渐爱好文史哲，特别是哲学。我们"文革"期间在中学滞留，思考"文革"中的问题，读了一点书。那时开始接触黑格尔，缘于"文革"中的辩论。有一位同学是黑格尔迷，言必称黑格尔，我与他辩论过"凡是存在的就是合理的，凡是合理的就是存在的"问题，但当时并未理解。下乡当知青时，我带了一些书，在茅屋油灯下读马恩两卷集等。那时读马克思的《〈黑格尔法哲学批判〉导言》和《关于费尔巴哈的提纲》，关于什么叫"德国的哲学是德国历史在观念上的延续"，什么叫"人是人的最高本质"，什么叫"唯心主义却发展了能动的方面"，我似懂非懂。

我下乡第一次得的工分血汗钱，买了一套精装四卷本的《列宁选集》。我做了一些读马列的笔记。马恩列斯毛的主要哲学著作，毛的未正式发表的文稿讲话笔记，联共（布）党史，哲学辞典等，都读过了。记得那时为了解决读马恩列的困难而想了解一点西方哲学史，设法通过老同学、知青朋友交换着看一点哲学方面的书。我当上工人以后，继续读书。70年代初"批陈（伯达）整风"后，中央号召读六种马恩列的书，当时我在外地（株洲、衢州、沙市）当学徒，接受技术培训，我买了《反杜林论》等六种马列著作新版单行本来读，我的兄长们则给我寄了读这些书的不少参考资料。此外，我还自学了列宁的《哲学笔记》，感兴趣于《谈谈辩论法问题》。汪子嵩、张世英、任华先生等编著的《欧洲哲学史简编》和安徽工大编的西哲史，还有《马恩列斯论德国古典哲学》等书，反复阅读过多遍。读这些书使我爱上了哲学智慧，开始追问、反思哲学与人生的问题。

青年时代读得较多的是鲁迅的书，鲁迅的文集，特别是杂文集，买了不少，兄长也送了一些。青年时深受鲁迅的影响。

当知青与工人时，我还写过一些诗歌、札记、杂文等，可惜都没有保存下来。记得在沙市电厂培训时，我写了一首很长的《长江之歌》（新诗）；在衢州化工厂培训时，我写了杂文《"最"字新篇》，是"批林"的，这些诗文公布在培训队出的壁报上。当时衢化的宣传科对我写的杂文很感兴趣。回到应化后，我继续写诗文。1976年元月，敬爱的周总理辞世，我写了一首纪念总理的长诗。有一天上午，全厂干部职工，除运行值班的人员之外，都在露天电影场集会，纪念周总理。厂长讲话后，内容只有一项，听我朗诵我的长诗。这首诗也在厂里的壁报上公布，贴了一大面墙。

在"批林批孔"、"评法批儒"、评《水浒》的时代，我曾作为工人理论队伍中的一员，开始接触了一点中国哲学思想史。但在当时的历史氛围下，我不可能真正理解中国哲学，不可能超脱于"左"的氛围，不过借此机缘读了一点有关中国哲学方面的书，如侯外庐、赵纪彬、杨荣国、任继愈先生的书，以及一些资料书，包括王充、王夫之的书等等。那时厂里的宣传科常组织我和吴迁、王纪潮等理论队伍的工人写点时髦的大批判文章，以"湖北省化工厂工人理论队伍"的名义发表在报纸杂志上，那当然是很幼稚的。

在 70 年代中国社会发生巨变的时代，我们工人也有自己的想法，也常偷偷地议论，如吴迂等常来我们家，晚饭后我们在楼顶的平台上指点江山，挥斥方遒。

第六章

珞珈山下的哲学殿堂

我于 1978 年考入武汉大学哲学系读书，进校时已 31 岁了，真是所谓"老童生"。进校时，同班同学最大的有 34 岁，最小的才 16 岁。我们 78 级哲学系两个班，六十几位同学，仅两位女生。这是非常活跃的群体，各色人等都有。

我们这几届同学，尤其是高龄生，真是叫如饥似渴地学习，拼命地学习。只有我们这种经历的人才真正懂得珍惜读书的时间。

大学时代正值思想解放运动，武大图书馆和哲学系资料室的书多，来来往往讲演的人也多，思想上真正活跃了起来。这时开始了对"文革"的反思。

现在看这个班上的校友，"朝野"、上下、内外、左右、极左极右都有；有位列正部的官员，还不止一位；有国有大型企业的党委书记，也有被放逐的人物。这个班的代表性人物有：企业家、社会活动家、慈善家艾路明，他读书时就参加过多学科讨论会，在信息极不通畅的情况下有直渡长江的创举；画家、诗人周中华，他读书时就以创作哲理漫画并在《讽刺与幽默》上发表而成名；思想解放运动的先锋刊物《青年论坛》的创办人兼主编，后担任过广州市社科院副院长的李明华；才气横溢的作家、诗人黄亚屏、王绍培、王珍莉；多才多艺的摄影家高望峡；书法家龙育群；有点神秘性的王鸣；分析哲学家陈亚军；当时不起眼，现在是行政学大家的胡象明教授；还有美学家王杰、思想家苏伟、数学家陈子仪以及几位转行学法律、当大律师的友人韩传华、王和平等。

我与周民锋、李明华同学年龄偏大，意气相投，我们合编了大学生哲学刊物——油印本的《求索》，刊登哲学学子的习作。《求索》出过3集，后来系领导怕出事，找我谈话，不让继续编印了。

我读本科生时兼任校学生会学习部的成员、副部长、部长，组织了不少多学科的讲座与竞赛。那时没有电话，我很费力地跑一些系办公室和一些老师的家里，联系不同学科的老师给同学们开讲座。我记得，我联系过物理系的老师讲"黑洞"。

我们的学习以马克思主义哲学为主要内容，学马哲原理，学马哲史，尤其学马克思主义经典著作与毛泽东哲学，孟宪鸿（系主任）、谭臻（系副主任）、朱传棨、李砚田、雍涛、黄德华、凌相权、徐瑞康、涂赞琥、司马志纯、林先发、杨庭芳等老师给我们讲过课。胡寿鹤老师调来晚一些，似未给我们78级本科生上过课。刘纲纪老师讲美学，张巨青老师讲逻辑，陈克晶老师讲自然辩证法。后来落实政策，汪国训与程静宇老师伉俪回到我们系任教，我与他们打交道略多一点，程老师协助唐老师教我们古代哲学名著选读的课。中哲史教研室段启咸（教研室主任）、田文军、陈殿云老师也给我们上过课。

我们有幸听陈修斋先生、杨祖陶先生讲授"西方哲学史"（上大课，77、78级及旁听者160多人同听，如醉如痴），又系统地读了黑格尔的《小逻辑》《精神现象学》与四册《哲学史讲演录》，罗素、梯利的哲学史，贺麟先生的一些书及一些西方哲学汉译名著，一点点笛卡儿、休谟、康德的书，才算是入了哲学之门。

遗憾的是，我没有掌握哪怕是一门外语。过去中学学的是俄语，进大学后应选学英语就好了，当时图方便，偷懒，就靠中学学的一点俄语对付了，后来研究生阶段的外语也是俄语。学了多年俄语，听说能力差，也不能用。没有掌握好外语，是我一生很大的局限。

真正热爱起中国哲学，缘于进武大以后听萧萐父先生、李德永先生、唐明邦先生讲授"中国哲学史"。萧先生讲课不多，讲起来常常脱离教材，旁征博引，放得很开。他对思想解放的渴求，对国事民瘼的关切，对人类、民族、人民之命运的叩问与反思，启人良多。

大三的时候，我修"中国古代哲学名著选读"课，使用的是中哲史教研室编的数册油印本《中国古代辩证法史资料》，我发现了其中因刻印校对带来的问题，有的是版本、底本的问题，我到图书馆遍查典籍，校对出百多条误差，交给老师。这件事被萧萐父先生知道了，他大为赞扬，曾在教研室会议上、在给研究生上课时表扬了我。不过，当时我只是一个本科生，并不知道萧老师的褒奖，事过一年多后才知道的。

当时武大正处在改革的时代，在刘道玉校长的治下，学校制度很灵活。我修满本科的学分，提前半年毕业，等于跳了一级，与77级同学一道考上本校 1981 级硕士研究生。记得当时找过童懋林副校长和教务处领导谈，说我想提前考研究生，他们都很支持，说我是优等生，学分满了就可以毕业，批准并推荐我报考研究生。好像当时有研究生科，附在教务处，只是在行政楼四层有一间西晒的小房。有一两个工作人员，她们很热情很敬业。我报名、拿准考证都在此。

我于 1982 年 2 月至 1984 年 12 月在武大攻读哲学系中国哲学专业的硕士学位，正式成为萧萐父教授、李德永教授、唐明邦教授的入室弟子。

这三年对我走上学问之路是最为关键的时期。老师们学而不厌，诲人不倦，言传身教，循循善诱，使我们受到基本的思想的训练与文献等方面的训练。我们得益于三门基础课：一是哲学史方法论，二是中国古代哲学文献导读，三是中国哲学史的史料学。当时的哲学史方法论课，中西哲学史专业的研究生在同一个班上课，这非常好。这门课领衔的是陈修斋、萧萐父两先生，杨祖陶、王荫庭、李德永、唐明邦等先生也分别参加。同班同学有冯俊、李维武、高新民、黄宪起、黄卫平、蓝岚、舒金城与我等，还有一些青年教师与外校旁听者。这是读书、讨论课，我们学黑格尔哲学史观与方法论原则、普列汉诺夫的五项论等，对于为什么说哲学史就是哲学，哲学就是哲学史，关于哲学史是否就是认识论史，什么叫"逻辑与历史的一致"还是"历史与逻辑的一致"，什么是哲学史上的"普遍""一般""具体""个别"，什么叫"社会心理""哲学无定论"，唯心主义哲学有没有价值等问题，我们争得面红耳赤。老师们只是启发、引导、点拨，他们重在培养我们的读书能力、思维能力、表达能力。我们也去选修江天骥先生的现代西方科学哲学的课，对库恩的科学革命的结构与范式理论及当时流行的皮亚杰的发生认识论、系统论颇感兴趣。

除教学外，老师们忙于编教材和出席各种学术会议。萧先生作为学科带头人，特别敏感，对哲学界各种讨论及相关学术会议的新信息、动态都非常关注，如人道主义与异化问题，马克思《1844年经济学哲学手稿》的讨论，哲学史上"两军对战式的对子结构"与"螺旋上升的圆圈结构"，中国哲学范畴与范畴史研究，关于唯心主义的评价，关于孔子、《中庸》和宋明理学的再评价，唐兰、冯友兰、张岱年、冯契、王元化、李泽厚、庞朴、汪澍白先生的新观点，《未定稿》上有什么新文章，《中国社会科学》的创刊，《考古》《文物》上介绍的新发现，马王堆与银雀山出土文献的研究成果等，他都提示给我们，让我们去关注、理解、参与。他还把汤一介、庞朴、刘蔚华、陈俊民等先生请来给我们讲课，打开我们的思路。黄卫平同学写了一篇文章与萧老师商榷，萧老师表扬了卫平，还把这篇文章推荐发表。

老师们对我们非常关心，耳提面命，手把手教我们。萧先生亲自批解我们的习作，告诉我们如何修改完善，每每涉及文章架构、资料搜集、鉴别与理解等，特别细心、耐心。他指导我重点读王夫之的《尚书引义》。萧先生也放心地让我与维武、卫平、金城等整理他的关于明清之际早期启蒙与王夫之哲学方面的讲义、文稿等，这种整理也是一种学习。我记得我整理过他关于王夫之认识辩证法论文的初稿。他有时把他最后的定稿再返回给我们看。他与唐先生带学长萧汉明兄、蒋国保兄、李汉武兄等与我们这届硕士生（带着经他们修改了的我们的论文）出席了1982年在衡阳举行的王船山学术讨论会，让我们参与讨论，拜访专家。我最初关于王船山的几篇习作，都是经萧先生悉心指导、认真修改、热心推荐发表的。这即是80年代初我在萧公主编的《王夫之辩证法思想引论》和在《中国哲学》《江汉论坛》上发表的几篇习作。这些事已过了30多年了，其细节却仍然历历在目，永远也忘不了，而且已化为我今天带学生的行为。

我读本科生时，旁听了萧公为研究生开的"中国哲学史史料源流举要"课。讲到近世，他偶然提及黄冈熊十力先生有《体用论》等书，值得一读。我就到校图书馆去遍查熊先生的书（主要是《新唯识论》《十力语要》等）。我对熊十力其人其书渐渐产生了兴趣。硕士阶段，教研室原本让我做司马迁的历史辩证法方面的硕士论文，后来我提出想做关于熊十力方面的硕士论文。在当时，老师们确定我做这个题目（"熊十力的认识辩证法初探"）是要有勇气的。记得教研室全体老师出席了我们的硕士论文开题报告会，有的老师善意地同时又是非常严厉地批评了我对唯心主义哲学家熊十力评价过高。但萧先生有定力，最后还是支持我按自己的思路去做。他让我参加他与汤一介先生主持的《熊十力论著集》的搜集资料与点校工作，这一套书三卷本后来由中华书局出版。他指引、支持、帮助我与友人到湖南、北京、上海等地搜求熊先生著作、手稿、信札，通

过写信推荐等方式，让我与友人遍访与熊先生有关
系的前辈学者。萧老师指导我写熊十力哲学的研究
综述，我通过广泛搜集资料，又对资料条分缕析，
整理出来，作为研究的背景与基础。我又通过对认
识论、直觉论和唯识学的学习来诠释熊氏认识论。
在萧老师、唐老师、李老师的指导下，通过撰写硕
士论文，特别是通过他们对论文的点拨、指导、批
评，我基本上掌握了做学术研究的步骤、方法、规
范等要领，开始学会对文献的解读与诠释，从事哲
学学术研究。

萧先生、唐先生、李先生指引我们走上学术之
路。1984 年 12 月，我留校任教，直接在三位老师的
带领下从事中国哲学史的教学与研究。我毕业之后，
又多次重听萧先生给研究生的讲课，在哲学史方法
论、史料学等课程上，他真是与时偕行，讲课时时
有新的材料和新的思想，例如关于文化反思，源头
活水，传统文化与现代化之间历史接合点的思考，

马克思晚年人类学笔记关于跨越"卡夫丁峡谷"的
问题，古史研究与马恩对人类学研究的方法论启示，
古史祛疑，哲学史研究中的纯化与泛化问题等，都
是在我们硕士毕业之后他反思的新成果，亦成为他
的课堂教学新增加的内容。在重听这些课程后，我
也帮助他整理过几篇相关讲义与访谈等。在我的成
长过程中，处处离不开三位老师的指点与关爱。数
十年来萧、李、唐三师有意无意，看似不经意地，
其实是有意在提醒我，以四两拨千斤的方式启发我，
让我在做人、治学和善处各种关系方面更加健康、
合宜与完善。我从内心感谢恩师的指点。

第七章

对熊十力哲学的探索

王荫庭老师曾说过，做学问，要有看家的本领。他的看家本领是普列汉诺夫的翻译与研究。我自己则围绕熊十力与现代新儒家做了些研究。

　　使我的心灵受到震撼的书，是熊先生的《十力语要》，这里集中了熊先生从心臆中流出的话语，是他的生命体验的结晶。我读的是1947年湖北"十力丛书"线装铅印本四卷四册。该书制式特别，大约长27cm，宽16cm，有天头地脚可做眉批。熊先生凭其聪颖慧识对中西哲学的评断可谓鞭辟入里。他讲他读书时常常汗流浃背，触及身心。他说读书必先有真实的志愿，广大的胸怀，如此方能"返之己所经验而抉择是非，洞悉幽隐，曲尽书之内容而不失吾之衡量，故其读书集义，乃融化的而非堆集的，乃深造自得的而非玩物丧志的。如此读书，方得助长神智而有创造与发明之望"。孟子的掘井及泉、深造自得之论是读书之大法。我在旧书店淘了两册熊先生的《原儒》，如获至宝。

为研究熊十力先生，我曾拜访过、请教过的前辈学者有：梁漱溟、冯友兰、张申府、周谷城、贺麟、宗白华、朱光潜、张岱年、周辅成、虞愚、任继愈、冯契、石峻、韩镜清、田光烈、谢石麟、张遵骝、习传裕、王星贤、潘雨廷、田慕周、李渊庭、阴法鲁、汤一介先生等。尔后，我不断得到这些先生的指教与帮助。武汉大学的前辈黄焯、唐长孺、吴于廑、吴林伯等先生，我们哲学系的老师们，对我爱护有加，多方提携。

我的硕士论文扩充、修改之后，改名为《熊十力及其哲学》，于1985年12月自费由北京的中国展望出版社出版。梁漱溟先生题写书名，萧萐父先生专门写了热情洋溢的序言。1985 年，我协助萧老师筹备、组织"纪念熊十力先生诞辰一百周年学术讨论会"。这次会议于是年 12 月底在黄州举行，发起单位是北京大学、武汉大学、湖北省政协、黄冈地区行署与黄冈县政府。来自全国和美国、加拿大、苏联、日本的学者约一百人出席了会议。我参与会议论文集《玄圃论学集》的编辑，是书由北京三联书店出版。我个人的小册子受到与会专家的重视，其中一章曾在《中国社会科学》发表。会后，拙著《熊十力及其哲学》这一小书得到了张岱年、陈荣捷、岛田虔次等先生的肯定与鼓励。岛田先生在其 1987 年于日本同朋舍出版的《熊十力与新儒家哲学》这一大著中，高度评价了我的熊十力研究，提到我与我的有关论文著作，或加以征引的，达十多处。台港出版界也注意到拙著，我应约又加以扩充修改，以《熊十力与中国传统文化》为名于 1988 年

由香港天地图书公司出版，以后台湾出现盗印本，
1990 年台北远流出版公司又正式出版。

我于 1987 年考上博士研究生，导师为萧萐父教
授。1987 年 9 月至 1990 年 9 月，我在哲学系教书，
同时攻读博士学位，1990 年 9 月通过博士论文答
辩。我的博士论文《熊十力研究》得到任继愈、周
辅成、冯契、石峻、朱伯崑、章开沅、汤一介、李
锦全、方克立、涂又光、丁祯彦、吴熙钊等先生们
的指教和评论。那时，萧公与我师徒二人正值生命
的坎坷困顿之中。以上先生们以严格的学术性予以
指点批评，批评处不失尖锐率直，然而其中充满了
关爱与信任，使我永远难以忘怀。我于 1992 年获
武汉大学哲学博士学位。博士论文以《熊十力思想
研究》为名于 1993 年由天津人民出版社出版，方克
立、李锦全先生将之纳入到他们主持的国家社科基
金重点项目"现代新儒学思潮研究"之中。是书又
以《熊十力哲学研究》为题，于 2011 年由人民出版

社出版，纳入该社"哲学史家文库"。我又应约选编了两种熊先生论著选，又撰写了《天地间一个读书人：熊十力传》（1994年分别由上海文艺出版社与台北业强出版社同时出版）。

我很重视第一手资料的搜集、整理，积极参加汤先生、萧先生主持的由中华书局出版的《新唯识论》《体用论》等熊氏论著集的点校工作。我又协助萧萐父先生，并与友人景海峰、王守常先生等一道，投入到《熊十力全集》的搜集、整理、编校工作中去。四百八十万言九卷十册本《熊十力全集》用了十二年工夫，于2001年终于由湖北教育出版社出版。我作为副主编和主要整理编纂者，付出的心血是难以与人言说的。2001年9月，我在武汉大学主持了"熊十力与中国传统文化国际学术研讨会"，海内外专家济济一堂。我主编的会议论文集《玄圃论学续集》于2003年由湖北教育出版社出版。

20世纪80年代我对熊十力的研究主要解决的是

熊十力其人其书等基本史实的梳理，以及熊氏思想
对传统的批导和熊氏思想与近代思想史的关联问题，
熊氏思想的认识论与辩证法的意义等。当时熊氏研
究尚是一片空白，甚至连他的生平都暗而不彰。20
世纪 90 年代我对熊十力哲学的研究，以博士论文为
代表，主要抓住其哲学的核心问题即熊氏哲学的本
体论问题，在熊氏哲学内涵、内在张力、学术渊源、
思想影响的诠释与批导上，有了较大的创进。90 年
代我虽然也有与台湾学者翟志成的一场颇为轰动的
论战，解决熊氏史实、资料考证与有关熊氏人格评
价问题，但我的精力与研究重点已转向熊氏宇宙本
体论、道德形上学的问题，熊作为 20 世纪人文主义
思潮的形上奠基者对现代的批判和多面的影响，熊
在现当代中国哲学思想史上的地位问题等。

　　我的贡献在于，分析论证了熊氏作为第一代现
代新儒家中对形上学建构有兴趣的学者，为现代新
儒学思潮奠定了一个基础。他的"境论"即是他的

本体论与宇宙论。他是保留了传统儒学之宇宙论的学人。他重建大本大源，把"本心"解释为宇宙本源与吾人真性，是具有能动性的创生实体。他的本体论是"仁"的本体论，涵有内在——超越、整体——动态、价值中心、生命精神的意蕴。在整个现代儒学思潮中，他在精神上启导了唐、牟、徐。重建本体是熊的关键性思考。他的形上学建构，特别是终极实存的思考和道德形上学的创慧，在牟宗三那里得到充分发展。他的"体用不二"之论，特别是道德自我开出文化建制的思想，在唐君毅那里得到充分发展。他的历史文化意识，在徐复观那里得到充分发展。熊先生虽然没有写出"量论"（认识—方法论），但他对"性智"与"量智"、"体认"与"思辨"、"表诠"与"遮诠"的讨论，即包含在他的"境论"之中。熊十力的"澄明"之境，是在良知的具体呈现中体证、契悟天道。这与冯友兰的新实在论的思考方式完全不同，也不是冯友兰的

"负的方法"可以代替的。熊先生高扬了东方的本体玄思，即在澄明状态中的存在之思。我们不妨说，这是牟宗三的"智的直觉"、杜维明的"体知"的先导。我的研究还涉及唯识学与熊氏新论在"性觉"与"性寂"上的不同，即儒、佛心性论上的差别。

　　我与景海峰先生等在熊十力著作整理与熊十力本体哲学研究上的专家地位、杰出贡献及在海内外学界的影响，在学界受到普遍重视。2019—2020 年，湖北省荆楚文库编辑部邀请我编《熊十力集》，我请刘依平博士等帮助我。刘博士发现了熊先生早年以不同笔名发表的诸文字，丰富了文集的内容。今后熊十力研究也寄望于青年。

第八章

对文化与文化学的讨论

我是 20 世纪 80 年代的"文化热"的积极参与者。1985 年春，萧先生安排我出席了汤一介先生创办的中国文化书院在北京举办的第一届中国文化讲习班，聆听了海内外老年、中年专家的演讲，颇受教益。我曾在吾友李明华兄创办的影响极大的《青年论坛》1985 年第 6 期上发表了《中国文化研究的勃兴——对近几年来我国一个文化新潮的评述》一文，对文化讨论中的某些看法提出批评。1986 年春，我在本校作了两场关于"文化热"的讲演，又应湖北省委社科领导小组与宣传部的邀请，写了《关于近年来中国文化和中西文化比较研究的评介》一文，于 6 月在《理论工作参考》第 6 期上发表，后来又在《青年论坛》上发表，《人民日报》海外版于 12 月 3 日以半个版的篇幅转载。这是我国文化热中首次把关于传统文化与现代化的论争概括为"儒学复兴"说、"彻底重建"说、"西体中用"说与"哲学启蒙"说，并予以评论的文章。我站在文化与思想启蒙的立场上，评论了前三说的利弊得失。同年 7 月，我提交全国中青年哲学工作者最新成果交流会的论文《现代化与中国传统文化刍议》入选并在 8 月黄山会议上发表，影响较大。该文全文于 9 月在《武汉大学学报》(社会科学版) 第 5 期上发表，多处转载。黄山会议摘要则以《关于文化热的反思》为题在《国内哲学动态》第 10 期上发表。我在该文中从理论上评析了"儒学复兴""彻底重建""西体中用"三说，明确提出了有别于诸说的"新的综合"说。文章指出，文化研究热潮的意义远远超过了真理标准讨论，是与科技生产力发展、经济政治体制改革同步并进的一场文化观念的变革。"中国文化的前景既不是传统文化的复归或中断，也不是以西方文化为体为质而以中国文化为用为形。中西文化的融合将是渗透力很强的多向交流运动，不分主从、本末，浑融一体。现在是新的综合的时代，必须跳出简单化的中西两极对立和体用割裂的思想方式，应当自觉地调整传统文化结构为现代化建设服务。"时至今日，很多人仍在沿用文化热中有所谓"儒学复兴""彻底重建""西体中用""哲学启蒙""新的综合"诸说，已不知这些概括、提炼、评论或提倡的始作俑者其实是我了。

与此同时先后，我参与了吴于廑、萧萐父、冯天瑜先生的"明清文化史沙龙"的学术活动，参与了萧老师、章开沅、庞朴、朱维铮先生等发起或参与的 1987 年在华中师大举行的"中国走向近代的文化历程"学术讨论会。我与友人在武汉大学开出了"文化学与文化哲学"方面的选修课，打印了讲义，讲了数次，我讲，也请萧先生、维武兄来讲。我还与邓晓芒兄合写了有关"文化学"的论文在《哲学研究》上发表。我后来独立开"文化学"的课，我写的近30万字的《文化学概论》一书于1990年2月由湖北人民出版社出版。这本书是在我的处境极为艰难的时候出版的，当时有人"落井下石"，至少是"躲之如恐不远，避之如恐不及"，而友人胡光清学长坚持按期出版拙著，不能不令人感佩。我与光清是君子交，现在来往并不多，然我心中的感激是不会消失的。

《文化学概论》基本上代表了我在20世纪80年代下半期关于"文化"的看法，特别是关于"多元文化"、关于文化变迁中的涵化与整合、关于"文化传统"的解析等，这些看法已开始包含了对传统文化的全面体认，调整中国文化的评价尺度与诠释维度。还有一事也似应一提，即在《河殇》热中，我对《河殇》持批评的态度，当然是学理上的。我曾于 1988 年 9 月 3 日在《长江日报》上发表了评《河殇》的文化观的小文章。

整个 90 年代，我研究的中心是文化保守主义，我个人逐渐对传统儒释道持同情了解的态度。人在困境中读一读《论语》《孟子》《老子》《庄子》和佛禅语录，果然有所受用。这些经典有道德资源的意义。人之所以为人，个人之所以为个人，要有承当感，要有道德理性与道德自我，要有生活信念与意义世界的支撑。我慢慢走近了孔孟老庄。我是通过熊十力、梁漱溟、钱穆、贺麟等走近孔孟老庄，认识其真谛的。我慢慢认为，儒家思想可以与政治自由主义等现代思潮对话，我们可以作创造性转化，使之在现代化中起积极作用。

第九章

90年代对中国哲学史的研究

首先是对现代新儒学的研究。我的《试论文化保守主义思潮》《试论现代新儒学的几个特点》《熊冯金贺合论》等论文都是 20 世纪 90 年代初期发表的关于这一思潮与现代哲学的代表性论文。我深入研读了现代学人的著作。我的读书与研究的主要对象有：孙中山、熊十力、冯友兰、金岳霖、贺麟、梁漱溟、马一浮、钱穆、牟宗三、唐君毅、徐复观、殷海光、杜维明、刘述先、傅伟勋等，做了一些个案研究，写了一系列论文。90 年代我还就中国文化、中国哲学的基本特性与意义做过一些探讨，对传统形上学，对中国哲学史上的非实体思想，对中国哲学资源的当代价值发表过论文。上述这些论文收录在《郭齐勇自选集》中，该书于 1999 年由广西师范大学出版社出版，是"跨世纪学人文存"中的一种。

在此期间，我自己以及与友人合写了几种著作：《钱穆评传》(与汪学群合著，1995 年，江西百花洲文艺出版社)、《梁漱溟哲学思想》(与龚建平合著，1996 年，湖北人民出版社)、《诸子学志》(与吴根友合著，1998 年，上海人民出版社)、《传统道德与当代人生》(1998 年，武汉大学出版社)。

1998 年之后，由于教学与科研的需要，特别是个人兴趣的转移，我努力把研究重心前移，研习先秦儒学、宋明儒学的问题，当然继续关注现当代新儒学的问题和中华人文精神与传统哲学之现代诠释、创造转化的问题。其契机是郭店楚简的出土。我于1999 年在武大主持召开了盛大的郭店楚简国际学术研讨会，并主编了该国际会议的论文集。我对郭店楚简中的哲学思想，特别是心性论思想，对《性自命出》与《五行》，对身心观与"圣智"，对出土简帛与经学诠释问题，发表了系列论文。我对东亚儒学核心价值观、孔孟儒学的人格境界论、朱熹与王夫之的心性情才论之比较等做了一点研究。此外，我还论证了冯友兰哲学及其方法论上的内在张力、当代新儒学关于儒学宗教性的反思等。这些研究成果汇集在我的《儒学与儒学史新论》中，该书于2002年由台湾学生书局出版。有关研究论文，我分别提交、发表于美国、日本、韩国和中国台湾、香港地区举办的国际会议，予以宣读。我于1998年1至7月为美国哈佛大学燕京学社高访学者，2001年5月以客座教授身份在德国特里尔大学汉学系讲学，2002年11月以客座教授身份在台湾政治大学哲学系讲学，2003年4至7月以招聘研究员身份在日本关西大学东西学术研究所讲学并做研究，曾在哈佛大学、莱比锡大学、特里尔大学、东京大学、东北大学、早稻田大学、国际日本文化研究所、关西大学、大阪市立大学、台湾大学、台湾"中央研究院"、台湾清华大学、政治大学、台湾师范大学、辅仁大学、东吴大学、中央大学、佛光大学、东华大学、香港中文大学等大学或机构作学术讲演。

我主持的科研课题主要有：国家社科基金项目"近50年出土之哲学文献与中国哲学史"；教育部文科重点研究基地重大项目"宋明时期长江中游的儒学研究"。同时主持承担教育部"十五"期间国家重点教材建设项目——《中国哲学史》的编写。

总之，90年代以后，我的学术思想逐渐有一些变化。研究方面，1997年前主要领域在20世纪中国哲学，1998年以后，研究与湖北地缘有关的哲学，特别是儒学思想。熊先生等对中国文化与中国哲学有真正的反省与自识，透过他们的书，我才从存在的感受上去重读中国经典，才真正在身心上有所受用。对我来说，读西方哲学的书，是思维的训练，读中国哲学的书，则是生命的感通，是在与圣贤作心灵的交流与对话。我们读马克思的书，深深地感受到他有深厚的德国的精神哲学的底蕴；而我们自己在喧嚣的现代化、全球化的声浪中要不失己性，真有创意，则不能没有深厚的中国的精神哲学的陶养。我觉得每一位中国的知识人，要真正对自己本土的文化精神有所了解，起码要读一些中国经典，全面理解。中国的儒释道的智慧是生命的智慧，要靠我们体会、实践。

第十章

回归传统

我立定志向为中国文化的存亡继绝而奉献终生。20世纪是我国传统精神资源饱受摧残的世纪。无论是自由主义还是激进主义或其他流派思潮，都把民族的文化视为现代化的绊脚石，不加分析地毁辱传统，极大地伤害了民族精神之根。在欧风美雨的冲击之下，中国文化陷入深层的困境：价值系统崩溃、意义结构解体、自我意识丧失、精神世界危机。我们已经患了失语症，正在失去自己民族的信仰、习俗、生活、交往、思维、言语、行为的方式，失去其独特性。我们处在"抛却自家无尽藏，沿门托钵效贫儿"的精神弃儿的尴尬境地。我们拿什么贡献给人类呢!

在跨进 21 世纪之后，中国大陆社会，特别是知识界的主流话语仍然是西化和泛西方化的，对自己的文明相当陌生、隔膜、轻视甚至蔑视与仇视。在回应当代世界的多重矛盾的背景下，我们需要以健康的心态，以多维的价值系统、评价尺度和诠释维度审视、疏导传统，并视之为我们现代化的内在基础、内在资源和内在动力。"现代性"需要重新界定。"现代性"绝不只是西方特别是美国制度、理念与价值的普遍性。但西方制度、秩序、理性、自由、平等、人权和法治，又是非常重要的参照。其中的单向度性、平面化的缺弱，需要发掘东方传统的政治资源、道德资源、价值资源予以调剂、互补与互动。没有哪一个民族的现代化是脱离本民族精神资源的陶养的。一个多世纪以来，我们几代人对民族文化的伤害太严重了。

20 世纪中国教育的重大失误是背离人文主义的

教育传统，使教育目的、职能、功用、方法日趋单面化。教育绝不只是"工具理性"的，不应该只服从或服务于某种浅近直接的目的，甚至只服从或服务于某种需要或福利。教育是人类、民族千秋万代的伟业，自然有它丰厚多重的"价值理性"的层面，而容不得"短视"。教育在文化传承方面，包括人类文明，特别是我们的"国学"，我们悠久的民族传统文化的传承方面，有着它独立的价值。教育绝不只是知性的教育，更重要的是人文的教育。教育的目的在于培养一代代素养极佳的人才，在于培养社会的批判精神、批判意识，在于发展全面的人格，在于重建理想和崇高，在于活化民族的精神资源。人文精神的熏陶，可以帮助我们的社会和我们的学生克服文化资源薄弱、价值领域稀少的弊病。

全人类的有识之士都开始从价值合理性方面对前现代文明中的宗教、艺术、哲学、伦理、道德等的现代意义作深入地挖掘和汲取。基于人文价值和终极关怀的危机和现代社会亟需的意义治疗，重新检视中华民族传统核心价值观念的转化工作，不能不是我们民族的新一代的知识分子的责任。我们需要以平和的心态与古代的圣贤、智者做平等的心灵交流和思想对话，珍视和尊重他们的智慧！人类文明史上的原创性思想智慧，可以给现代人和现代社会提供精神资粮，并帮助我们克服浮躁心态。

传统农业社会的社会架构和政治体制已经消失，但并不意味与之相结合过的价值观念、道德意识、思想与行为方式都失去了存在的合理性。这是思想继承的前提。继承传统当然不意味着"复古"和"保守"。批评传统思想的负面，否定、清除其思想弊病，去芜存菁，做出创造性的选择和诠释，以符合现代社会和现代人的需要，正是我们的职责。但我们需要综合整体地省视传统社会与传统文化，包括其价值观念、大小传统的变化和在一定时空条件下的多重作用，并做切实的中西比较，切不可信口开河，轻率武断地做出情绪化、简单化、片面化的结论，或因对当下的感悟而迁怒于古人。

"五四"时代，人们呼唤"德""赛"二先生，并掀起"打倒孔家店"的运动，这是时势所不可免的。今天，我们仍然要大力提倡增强国民的科学与民主的素养，仍然要批判当年"五四"先驱们批判过的国民的奴隶性格等阴暗面和成为专制主义意识形态的儒学（主要是被官方歪曲利用的程朱理学）的负面，特别是后者对人性的宰制、对思想自由的窒息。但另一方面，我们又不能不看到，仅仅以西方近代的科学观与民主观作为尺度，是不可能正确衡估前现代文明中的民俗、宗教、艺术、哲学、伦理、道德等丰富多彩、深长久远的价值的。我们也不能不看到，不分青红皂白地否定包括传统道德在内的一切文化遗产给我们带来了巨大的民族性的损伤，是极其有害的。

有的青年学者以事实判断与价值判断的二分来

批评儒家政治思想。殊不知，中国政治思想史方面
的真正的专家萧公权先生在留学多年，精研西洋政
治史之后，对他的恩师Sabine奉为至宝的、休谟的
上述二分法提出批评与反省。萧公权指出："中国文
化当中固然有不合时、不合理的成分，但也有若干
观念仍然有现代的意义。例如'民惟邦本''天视自
我民视''临财毋苟得，临难毋苟免'，乃至'户开
亦开，户阖亦阖；有后入者，阖而勿遂'等，在今
日任何'文明的社会'里都可以适用。"这说明有
的价值是永恒的，是超越时空的。萧公权对孟子的
"尊王黜霸"观点的具体特殊的历史与政治意义有切
实的评价。

　　毫无疑问，我们要努力建设现代化的、民主法
制的、有制约机制的、健全合理有序而健康的社会
结构，要师从西方现代化的可贵经验。毫无疑问，
我们必须继承和光大百年来我国社会中道德精神和
伦理文化的巨大变革性的优秀成果，包括学习西方

而涵化、整合进现代中国人的意识和行为中的现代道德观念。

20世纪的学术思想史昭示我们，真正深刻的、有识见的思想家不是浮在潮流表面的声名赫赫的人物，而是潜光含章、剖视时俗之弊，把握了民族精神底蕴的人物。他们以整个的身心、全部的生命，抗拒着工业化、商业化、现代化的负面对人性的肢解，抗拒着欧风美雨狂飙突进时代所造成的民族文化生命的衰亡，捍卫、弘扬中华民族历史文化传统的精华，并加以创造性地现代重建。

作为知识分子，作为教师，良知和职分不允许我们媚俗，不允许我们追逐时尚。无论是西方还是东方，知识精英运用传统资源批判现代化的负面，正是现代化健康发展的动力之一。现代化运动涵盖着反现代化（修正、批评现代化的负面）。现代化需要有多种不同的声音，否则不可能有健康的发展。

我相信，国民精神的重建需要许多知识分子从不同侧面、不同层次反思中西文化，反思新老传统，促进各思潮各范型的互动。我十分理解许多同志所强调的制度建构、理性精神和西学价值的生根问题之重要性，但在各种不同的声音中，有所"守"的声音是应当给予一定地位的。每位学人都有自己的定位，都有自己的职分，都有自己的学问宗主。我所从事的中国哲学的教学和研究，以及近十多年的生存体验，使我感到我的根本责任在"守"。守住民族精神的根本，守住知识分子的气节、操守、良知，守住做人和为学的本分，守住老一辈学问家和哲学家严谨、正直的为人为学之道，守住先圣先贤的绝学，在守之中争取有所创获，以待来贤，以俟解人，或许正是社会、历史、民族、文化赋予我等的使命。不同的思潮，不同的价值取向，不同的声音，不同的职责，不同的学术宗主，有一个生态的关系，可以互补互渗，不必相互排斥。

我们应有自觉自识，发掘中华民族原创性的智慧与治学方法，予以创造性转化。中国传统哲学有着天、地、人、物、我之间的相互感通、整体和谐、动态圆融的观念与智慧。华夏族群长期的生存体验形成了我们对于宇宙世界的独特的觉识与"观法"和特殊的信仰与信念，那就是坚信人与天地万物是一个整体，天人、物我、主客、身心之间不是彼此隔碍的，即打破了天道与性命之间的隔阂，打破了人与超自然、人与自然、人与他人、人与内在自我的隔膜，肯定彼此的对话、包含、相依相待、相成相济。与这种宇宙观念相联系的是宽容、平和的心态，有弹性的、动态统一式的中庸平衡的方法论。中国传统哲学中亦有一种自然生机主义与生命创造的意识，把宇宙创进不息的精神赋予人类。中国哲学的境界追求，把自然宇宙、道德世界与艺术天地整合起来，把充实的生命与空灵的意境结合起来。汉民族哲学中有着异于西方的语言、逻辑、认识理论，有自己的符号系统与言、象、意之辩，这是与汉语自身的特性有联系的。以象为中介，经验直观地把握、领会对象之全体或底蕴的思维方式，有赖于以身"体"之，即身心交感地"体悟"。这种"知""感""悟"是体验之知，感同身受，与形身融在一起。我们要超越西方一般认识论的框架、结构、范畴的束缚，发掘反归约主义、扬弃线性推理的"中国理性""中国认识论"的特色。中国传统的经学、子学、玄学、佛学、理学、考据学等都有自己的方法，这些方法也需要深入地梳理、继承。总之，"中国哲学"的主体性与学科范式，需要在与西方哲学相比照、相对话的过程中建构。我们当然需要自觉自识与自信，中国哲学的智慧绝不亚于西方。民族精神的自我认同与创造性转化的工作不能太急躁。

第十一章　教书育人

我获益于武大的人文传统与学术氛围，衷心感谢师长们的养育之恩和同事们的各方面的诚挚帮助。我从校内外前辈学者身上学到的不仅仅是学问，更重要的是如何理解中国文化与中国哲学，如何做一个堂堂正正的中国人。

　　我与我的同事们一起在武汉大学本科生中创办"国学试验班"与"中西比较哲学试验班"，改善教学内容，加强外语，强调中西原著经典的导读。我用很多时间、精力从事本科生教学，给哲学基地班、国学试验班、中西比较哲学试验班、人文试验班的同学们上基础课和原著原典导读课。我承担了大量的本科生教学的任务，我很乐意为本科生上课，希望发现、培养一点读书的种子。国学试验班是很成功的，培养了传承国学的人才。

我在武大开的课程有：中国哲学史、中国古典哲学名著选读、中国文化概论、中国文化（1、2）、国学通论、《四书》导读、《四书》与儒家伦理、《老子》《庄子》导读、《老》《庄》与道家智慧、熊十力与现代新儒学（以上为本科生课程），先秦儒学专题研究、儒家哲学专题研究、中国哲学史专题研究、哲学史方法论、《礼记》会读、现代新儒学思潮研究（以上为研究生课程）等。我重视教材建设，在哲学院院长任上，促成本院与人民出版社合作，推出系列教材十余种。我编著的《中国哲学史》（原为高等教育出版社出版，现由商务印书馆出版）为全国数十家哲学院系使用，成为最适用最畅销的教材。

在中国哲学、国学专业的硕士博士生中，我们重视方法论训练、中国古代文献的研读和史料学的功夫，又提倡打破二级学科壁垒，在一级学科的平台上培养硕、博士生，对博士生更加强调古典文献的训练。外语与古汉语、西学与国学的基础非常重要。在培养硕、博士研究生的过程中，我们除要求原原本本从头至尾反复读几种古典文献（连同注笺）外，又注意启发研究生们的"问题意识"和怀疑、反思、批评、创新精神，引导他们面向世界，具有全球视野，关心学科前沿，恪守学术规范，善于交流对话。我们特别重视开题报告、文献综述，严格要求研究生们对所研究的对象与所讨论的问题，巨细无遗地把握所有第一手原始资料和第二手资料（即海内外有关此问题的所有研究成果、方法、问题），在此基础上做学位论文。学风的问题，研究生的素质、训练的问题，是培养人才和学科建设的重点。我们寄望于来者，寄望于有悟性又经过了严格的哲学训练，具有原创力、知识结构优化的后继者，他们将对"中国哲学史"的研究和"中国哲学"的创发做出超迈前贤的贡献。中国哲学学科的建设与发展有赖一代又一代素养极佳的人才。

中国哲学学科 1978 年被批准为硕士点，1986 年被批准为博士点，萧萐父先生原为学科带头人。萧先生退休后，由我们这些学生来接棒。我于 1989 年 1 月晋升为副教授，1993 年 3 月晋升为教授，同年 10 月增列为博士生导师。我深知，我个人有很多缺弱，学问根底甚浅，也不聪明、敏捷，智慧与经验都不足，故一直到今天，未尝不战战兢兢，如临深渊，如履薄冰。

国学学科是交叉学科。我校于 2001 年设置本科国学班，是全国第一家。自 2007 年至今，我们是最早具有国学本科、硕士、博士培养一条龙体系的单位，有最完善的培养系统。我们国学的培养方案、课程体系成为全国各国学院系的样板。2010 年成立了国学院。覃启勋、杨逢彬、张思齐、吴根友、于亭、徐少华、丁四新、孙劲松教授等先后协助我办国学班与国学院。现我已退休，国学院由孙劲松任院长。我们武大培养的国学人才在全国乃至境外学术界中极有口碑。

我一共带了50位博士（其中有3位外国留学生，韩、日、马来西亚各一）、28位硕士（其中有2位外国留学生，美、日各一），与21位博士后合作过，还带了15位国内外高级进修生与访问学者（其中德、日、韩各一）。

我培养的学生，基本上在高校当教授、博士生导师。我指导的博士论文多篇在人民出版社、北京三联书店、商务印书馆、巴蜀书社的"儒释道博士文库"及省级出版社重点丛书中出版。获奖的也不少，如：丁四新的博士论文《郭店楚墓竹简思想研究》由东方出版社出版，获中华人民共和国教育部与国务院学位委员会联合颁发的全国优秀博士学位论文奖（2001年）；丁为祥的博士论文《虚气相即——张载哲学体系及其定位》由人民出版社出版，于 2002 年获中华人民共和国教育部"中国高等学校第三届人文社会科学研究优秀成果"二等奖；张杰（欧阳祯人）的博士论文《先秦儒家性情思想研究》、陈乔见的博士论文《先秦公私观念与儒家公共哲学试探》，先后获评全国优秀博士学位论文提名奖（2008 年、2010 年）。这些奖项的学术性比较强，含金量比较高。这主要应归功于他们自己的努力，也是我们学科点与全院老师们共同培养的结果。

关于研究生培养，我认为生源很重要。我要求考生热爱国族、国史、国学，并有自觉自识，有一门外语掌握得比较好，有哲学训练与文史修养，有较好的文字功夫、写作能力，有古代汉语文字学与古代文献学的基础，熟悉四书五经及《老子》《庄子》《荀子》等经典，熟悉西方哲学史与现代西方哲学，在哲学史方法论、中国古代哲学文献、中国哲学之史料学方面有一定基础，能坐冷板凳，对学术有献身精神。

多年以来，我一直在自己带研究生的工作实践中，与同学们一道，力图解决"博士不博"和"文科博士生读书量不够"的问题，帮助博士生处理好博与约的关系。要求他们至少掌握好一门外语，至少精读数种最主要的外国哲学的经典，精读十种左右中国哲学的经典。

我强调打破学科壁垒，让同学们除了选我的课之外，还要选本专业及其他专业其他老师的博硕士专业课程。我的研究生课堂是开放的，常围绕某一主题，延请我校文、史、哲各科专家，甚至海内外专家来讲（每门课至少有一两次请别的专家讲）。研究生课与本科生课不同，学生主体性发挥的空间大。我以为，硕、博士研究生的每一门课，就是在老师指导下精读若干种古今中外的经典，再泛观博览一些书籍，边读书边讨论的过程。组织研究生们做好准备，每人讲一次，每次至少一个多小时。所以，我认为，文科博士课程就是围绕某一问题去读书，去思考，去写与讲。我让博士生们开阔视野，直逼学科前沿，学会阅读境内外专业学术刊物上和网上的有关学术论文，了解并关心中外哲学界、汉学界最新研究动态，了解中国大陆、台港地区及日韩、美加、欧洲、澳洲有关同行之重要研究机构、刊物、专家、代表性学术专著或新著等，了解境内外同行在某些领域里的前沿课题之研究状况或成果，提高品评鉴别能力。博士生主要是靠自己，导师只是辅助性的。导师要善于把每位博士生的内在主动性、创造力调动出来。

开放式培养很重要。我的博士生在攻读学位期间围绕学位论文出境访学的也有不少，如胡治洪到美国哈佛大学一年，姚才刚到台湾东吴大学三个月，张锦枝到澳大利亚国立大学研究一年，刘莉莎到比利时鲁汶大学研究一年。

博士论文的选题至关重要。关于研究某思潮、流派、人物、专题等，我尊重博士生自己的选择，充分考虑他们的兴趣、爱好与学问基础，适当考虑我目前研究的课题，着眼于学科建设与学科的发展，注重选题的基础性、前沿性、创新性、交叉性、比较性、地域性、问题性和本选题与他们个人今后的学术发展的关系，经师生双方反复磋商后才能确定。

基本确定选题范围后，我介绍有关研究状况，又让同学检索这一方面境内外学术著作、博士论文的题目，尽量避免重复劳动。写好博士论文是同学一生中的大事，不能做成低水平重复或打着学术旗号的泡沫。我们反对大而空，也反对小而空，要做实，要善于小中见大。我对博士生讲，开题报告一定要有如下内容：为什么选此题，有什么理论意义与学术价值，完成此题有哪些主客观条件？关于这一课题或相关课题或问题，历代学者有哪些经典论述，海内外已有哪些研究成果，你能否或如何超越？你可能有哪些创造，在哪些方面超越前贤与时贤取得某种突破？我要求他们提供近30年海内外学界关于此课题的研究成果之综述和本论文初步的参考文献目录。我要求博士生在写论文前与写论文过程中一定要研读大量的高品质的书籍，一般不少于50余种，还要读大量学术论文。我们坚持从第一手原始资料出发，对本课题与相关课题之海内外已有研究成果均必须有深切了解，对以上两类资料务必做到竭泽而渔。严格遵守国际学术规范，严格引证引述的规范表达。

我的导师萧萐父老师、李德永老师、唐明邦老师等学者身体力行，同事与友人萧汉明、李维武、麻天祥、田文军、徐水生、吕有祥、吴根友教授与我等团结协作，我们武汉大学中国哲学学科点在全国享有盛誉，培养了一批批优秀学术干才，有一套培养人才的经验与方法。略云："中西对比，古今贯通；学思并进，史论结合；德业双修，言行相掩；做人与做学问一致，文风与人风淳朴；统合考据、义理、辞章，统合思想与历史的双重进路。"这是本学科点做人与治学之传统。前辈程千帆先生对研究生提出过八字箴言："勤奋、谦虚、敬业、乐群。"非常平实，然真正做到亦不易。

教人者必先受教育，身教重于言教。我自己实践着孔子、孟子的道德哲学和老子、庄子的超越意境，并以此安身立命。名利都是身外之物，我看得很淡。我从前家境不好，上小学、中学时，学费总是拖延缓缴。我的父母兄长对我倾注了爱心。我的生活好了，理当贡献给社会。

我的时间、精力，大都放在学生的培养上。对于博士生，更是倾注了心血，每看到有关论著，甚至一条资料、一条信息，都要抄下来，转告他们。对于他们查资料、出席会议、发表文章，甚至就业等，要操很多心。审阅他们的学位论文更是吃力的事，有的学生的论文要看几遍，改几遍，博士论文就更是如此了。当然，这要看学生的资质、素养、悟性与功夫，正如《礼记》中的《学记》所说，有善学者与不善学者、善问者与不善问者的区别，有的"师逸而功倍"，有的"师勤而功半"。

2003 年春夏间，我在日本讲学三个月，其间曾给我的所有的博硕士生发了一封很长的电子信，谈为人为学之道："我希望博士生们与我一道，恪守做人的本分，尊重圣贤，以诚敬之心，同情理解吾华文化及世界各文明的思想资源，发愤立志，潜沉读书，打好基础，严谨治学，放开胸量，虚己容物，关爱他人，修养人格，学会独立思考，增强问题意识，培养思考、反省、批判、创造的能力，积极参与海内外学术活动，勇于直接与国内外、境内外学者对话，推进中国哲学的创造性转化。"最后总说："为学在严，为人要正。各位肩负的使命是：促使人类，特别是中华民族文明与文化的传承与发展；培植社会资本与文化资本，引导社会良性健康发展；培育具有反思性、批判性的公众知识分子与健全的国民。真所谓任重而道远！请大家努力。"

　　孟子讲"君子三乐"。我也是乐在其中。第一乐，天伦之乐，"父母俱存，兄弟无故"。时至今日，父母已过世多年了，姐姐妹妹也走了，五兄弟尚存。我们家几代人都很和睦，相互支撑。第二乐，道德之乐，"仰不愧于天，俯不怍于人"。对此，我心向往之，笃行实践。第三乐，教育之乐，"得天下英才而教育之"，这是我们当老师的人才有的快乐。我深感"教学相长"是常道，学生是朋友。学生们开放、机敏，涉猎面广，对我启发良多。学生超过老师是必然规律，学生不超过老师，首先是老师有问题。我常常真诚地对学生说，我只是过渡性的人物，希望你们站在我们的肩上，有更大的收获与成就！我很感动，有的只是本科时听过我的课的，甚至只是听过我的讲座的学生、校友还记得我，有的还保持联系，有的回母校还来看看我。

第十二章　亲情与『亲亲相隐』争鸣

人活着，离不开亲情、友情、爱情。亲情是每个人从生到死、须臾不能离的最重要的感情。情与理总是交织在一起，情中有理，理中有情。我自己从小就生活在浓郁的亲情氛围中，家人的关爱滋润着我，养育着我。亲人的爱，伴随着我的成长。可是在"文革"的斗争热潮中，人们，特别是当时如我这样的年轻人，背离了常识、常情与常理，跟长辈、家人造反。我自己有痛切的、刻骨铭心的感受。对于亲情，我有生命体验与正反两方面的经验。正因为如此，我对孔孟经典中有关的章节及人们对它的误读，特别敏感。

2002 年，家里订有《长江日报》，从该报读到同事刘清平教授的文章，标题黑体、通栏，很醒目，似是"儒家是腐败的根源"。我打电话给清平兄，求证一下，他说是他写的，已在《哲学研究》上发了，这是重发。我很惊诧，于是写文商榷，由此展开了几波论战。

一、论战所涉及的《论语》《孟子》有关章节的解读

从 2002 年开始的十多年间，学术界围绕着《论语·子路》第 18 章"父子互隐"章与《孟子》论舜的两章（"桃应问曰"章与"万章问曰"章）展开了激烈的论战。我认为，有人误读了这三章，甚至以此作为孔孟之道是现代腐败之根源的铁证，说儒家主张腐败，是贪腐之源。

我与同道之所以要驳斥这些谬论，是因为这首先关系到如何解读古代思想史资料的问题。"五四"

以来，尤其是"文革"以来，有很多人戴着有色眼镜，习惯于大批判的非此即彼的套路，已不能读懂古书。

首先我们略说一下"父子互隐"章：

> 叶公语孔子曰："吾党有直躬者，其父攘羊，而子证之。"孔子曰："吾党之直者异于是：父为子隐，子为父隐。——直在其中矣。"（《论语·子路》第 18 章）

刘宝楠《论语正义》对此章作了很长的注释，此注总结前贤的释读，引证相关文献中对这一故事的论说，应是比较完整、准确的。"攘"是"有因而盗"之意，即"凡六畜自来而取之曰攘也"。"证"是告发。"直躬"是楚人，以直闻名，但此人是沽名钓誉，买直名的人。据《韩非子·五蠹》，因攘羊事，直躬向官府告发其父，楚令尹要杀他，认为他"直于君而屈于父"，最后把他抓了，治了罪。又据《吕氏春秋·当务》，直躬告父之后，有司要杀其父，直躬又请代父受诛。将诛，他对吏说，父攘羊，我向官府告发了，这是信；将杀父，我代父受诛，这是孝。我这样信而孝的人被杀，国家将有不杀的人吗？吏报告荆王，荆王就不杀他了。孔子听闻后说，这个直躬哪里有什么"信"呢？他"一父而载取名"，即利用其父，一而再，两次得到"直"的好名声；如此，"不若无信"。

关于"隐"字：孔子曾说"言及之而不言谓之隐"（《论语·季氏》）；刘宝楠《论语正义》仍沿用《说文解字》注为"蔽"，进一步，他又引郑玄注《礼记·檀弓》"事亲有隐而无犯"的"隐"："隐谓不称扬其过失也。"在这里，"隐"有两个义项：一是不公开言说、告发；二是微谏。在儒家的语境中，如果儿子遇到这样的事，不只是隐讳不公开，同时还要在私底下微谏，和风细雨地批评父亲，讲清道理，让他把不请自来的羊送还给羊的主人。在处理这类事情中，父子之间不公开扯破脸皮，效果会更好。在这里，"隐匿""隐讳"是消极的不作为、不公开告发与声张之意思，但这并不能解读为积极的"隐匿错误"，今人用该语则含有积极"藏匿"义。[1]

以下我们主要就《孟子》论舜的两章，略作讨论。

> 桃应问曰："舜为天子，皋陶为士，瞽瞍杀人，则如之何？"孟子曰："执之而已矣。""然则舜不禁与？"曰："夫舜恶得而禁之？夫有所受之也。""然则舜如之何？"曰："舜视弃天下犹弃敝蹝也。窃负而逃，遵海滨而处，终身欣然，乐而忘天下。"（《孟子·尽心上》第35章）

有人说舜"一方面命令司法官皋陶逮捕了"其父，但从以上原文看，舜何曾具体下达过"命令"？

1　详见林桂榛：《关于"亲亲相隐"问题的若干辨正》，载郭齐勇主编：《〈儒家伦理新批判〉之批判》，武汉：武汉大学出版社，2011年，第426页。

皋陶逮捕瞽瞍，乃其天职所在，不待舜的命令而自觉为之。舜并不能干预司法，他与皋陶的名分与权力都分别有所授受。足见在孟子的思想世界中，"权"（权力）与"法"是并列独立的。

父子或亲人间的情感的培护，容隐制度，是东西方之通理通则，目的在护持天赋的具有神性意义的人类最基本的感情；亲情是人类与族类生存的根本，是家国天下正当秩序得以维系的中心。当几个价值发生冲突时，人类的智慧是维护最高价值。孟子与桃应的讨论，是很有深意的伦理两难推理的设计，其高超的智慧绝非直线式的批评者所能理解。实际上，孟子师徒假设的舜的应对方略，既维护了司法公正，又避免了公权力的滥用，而以舜放弃公权力、自我放逐来保全忠孝、情法之两边。舜如果真的背着老父逃到当时物质匮乏到极致的海滨，那也是一种自我流放，而且放弃了公权力，何谈"腐败"？

　　每一个人同时是伦理的人与政治的人，故孟子的设计中，"执之而已矣"，是作为政治的人的应对，而"窃负而逃"是作为伦理的人的应对。当然，如上所述，这二者不是平列的。有人对"终身欣然，乐而忘天下"颇为诟病，抨击亚圣乃至整个儒家无理性、无正义、无公德云云，事实上这是由于论者只习惯于挑拣只字片语行大批判，而不肯读书，不知道孟子的这一论说在《孟子》文本中的前见与前理解，即拥有天下的权势富贵，非儒家君子的所乐所欲。孟子说："君子有三乐，而王天下不与存焉。""广土众民，君子欲之，所乐不存焉；中天下而立，定四海之民，君子乐之，所性不存焉。君子所性，虽大行不加焉，虽穷居不损焉，分定故也。"（《孟子·尽心上》）以上数章有着一致的价值导向，可以互释。先儒认为，与权势、财富相比，亲情更为重要。这是"桃应问曰"章关注的焦点与重心。以下再请看"万章问曰"章：

万章问曰:"象日以杀舜为事,立为天子则放之,何也?"孟子曰:"封之也;或曰,放焉。"万章曰:"舜流共工于幽州,放驩兜于崇山,杀三苗于三危,殛鲧于羽山,四罪而天下咸服,诛不仁也。象至不仁,封之有庳。有庳之人奚罪焉?仁人固如是乎——在他人则诛之,在弟则封之?"曰:"仁人之于弟也,不藏怒焉,不宿怨焉,亲爱之而已矣。亲之,欲其贵也;爱之,欲其富也。封之有庳,富贵之也。身为天子,弟为匹夫,可谓亲爱之乎?""敢问或曰放者,何谓也?"曰:"象不得有为于其国,天子使吏治其国而纳其贡税焉,故谓之放。岂得暴彼民哉?虽然,欲常常而见之,故源源而来,'不及贡,以政接于有庳'。此之谓也。"(《孟子·万章上》第3章)

万章说做天子的哥哥舜把弟弟象流放了,这合适吗？孟子就说：哎呀！这哪里是流放啊！是封赏给他一块土地与人民。万章又问：舜流放了共工、骧兜，杀了三苗和鲧这些犯了大罪的人，但是这么不仁的人（象），舜还把他封到有庳国去，难道有庳国的老百姓不是人吗？对于以上四位，你就谴责，或者杀掉，或者流放，对于你的弟弟，你就封他，怎么能够这样呢？这是引起众说纷纭、莫衷一是的又一条材料。舜把象封到有庳国，让他富和贵。孟子解释说，哪里是放呢？哪里是封呢？有的说是封他，有的是说放他。像这种状况，舜做了天子，还派了一些监管的官员在管理有庳国的事务，然后也让象经常在朝贡的时候，兄弟间见个面。所以在有庳国封给他一块土地，实际上也是让他受到一定的监管。

有人说：舜的弟弟象是个坏人，仍要封赏他，使他富贵，这不是腐败是什么？这种批评太简单化了。实际上，我们从孟子与万章的对话中不难看出，

当时有两派：一派认为一定要封赏象，另一派则认
为一定要流放象；一派批评封象，另一派则批评放
象。在当时，舜若不封象，其合法性会使人怀疑并
会受到挑战。反之，亦然。孟子取其中道，认为舜
对于象既封且放，封中有放，放中有封，最终照顾
到社会安定与兄弟情谊之两边。舜是孝的典范，舜
做天子的合理性与合法性在此。尽管舜父、后母及
弟对舜很不好，曾不断加害于舜，但如若舜当上天
子之后对他们不讲孝悌，他当天子的理由就丧失了。

　　虞舜时代的真实的财产与权力的再分配或继承
制度并非分封制，但孟子是战国中期的人，他的前
理解只能是源于殷代后期并在西周初年由周初统治
集团周公等确立的封邦建国制，故把分封制投射到
虞舜时代。至于分封制度合理与否，正当与否，腐
败与否，那是历史学与历史哲学的问题，不是道德
评价的问题。有些人发一点义愤，继续当愤青，无
可无不可，但那不是做学问。孟子有经有权，其设

想的分封象于有庳国又"使吏治其国",是一种政治智慧,即对象予以管束。西周以降的社会、政治、法律之思想或制度与家庭的伦理、社群的整合、家国天下秩序的建构,是基本协调的。当然不免有矛盾与紧张。分析、评论这些资料,只能放到彼时的社会结构、历史文化、价值系统的背景下,而且要善于发掘其中有深意的、超越时空的价值。例如我国法律思想文化及容隐制度,其实与现代人权的维护有内在的关联。

以上是有关文本的释读,以下谈谈理论问题。

二、论战所涉及的关于公私、情理与正义的问题

我们的论敌用非此即彼的思维定式,在公与私、情与理、情与法、正义与非正义上做一边倒的选项,判定孔孟在此只讲私情,不讲理、法与公德,不讲正义。

从孔子完整的孝悌、仁义、忠信的道德系统来

看，他绝不会认为"攘羊"是对的，绝不肯定偷盗，也绝不会肯定父子相互隐匿错误。从"父子互隐"章的具体情境来看，孔子面对楚国叶公的挑战，反唇相讥，批评直躬买直名实为不直，伤害了父子君臣伦理系统的根本。实际上，在父亲把不请自来的羊或顺手牵来的羊留在自家的栏圈中的事情发生之后，作为儿子的直躬完全可以不马上向官府告发，或在邻里间公开宣扬；同时，孔子主张在私底下微谏（微即隐），让父亲自己去纠正错误。

"直在其中矣"之"直"，一方面固然有"率直""率真"等真情实感之意，另一方面更是源自天理的人性人情之直，此"直"为"曲之直"、有条件的"直"，即朱熹所说的"父子相隐，天理人情之至也。故不求为直，而直在其中"[1]，"本非直也，而直

---

1 ［宋］朱熹：《四书章句集注》，北京：中华书局，1983年，第147页。

已在其中"[1]，也是刘宗周所言"无直名，有直理"[2]，它偏向于保护父子亲情；而"直躬"之"直"则是抽象的、僵硬的"直"，它无视于人的生命存在，与现实脱节，易伤害亲情伦理。

保护亲情伦理是人类最高的正义，是最大的"公"，也是世界不同法律体系在历史上要尽可能做到的。

孟子是怎么讲的呢？他说："父子之间不责善。责善则离，离则不祥莫大焉。"（《孟子·离娄上》）这是说，父子之间的关系，要讲恩亲之德，相互包容。《中庸》讲"亲亲为大"，侍奉亲人为大，那不是说侍奉亲人是唯一的，而是说你从侍奉亲人这里去体会、体贴，你才知道做人之道和根本，你才懂得爱，不会泯灭良心。假如一个人连对父母都不孝，

1　［宋］黎靖德编，王星贤点校：《朱子语类》第四册，北京：中华书局，1986 年，第 1202 页。

2　［明］刘宗周著，吴光主编：《刘宗周全集》第一册，杭州：浙江古籍出版社，2007 年，第 452 页。

他能够在社会上爱别人，做好公务吗？我看没有这样的例子。

其实西方也有类似的理念、理论和法律上的容隐的规定。黑格尔的《精神现象学》把家庭伦理放在神圣法的范畴中来解读。我们往前溯，看柏拉图的《游叙弗伦篇》。有一次，苏格拉底在法庭前的广场碰到了游叙弗伦，游叙弗伦是来告发他的父亲的。游的父亲有什么问题让游告发呢？原来，游的父亲头一天把一个真正杀人的奴隶捆绑起来，扔到一个壕沟里面，游父想等他办事回来以后再处理，结果他办事回来晚了，那个绑缚在壕沟里的奴隶死了。游叙弗伦想到法庭告发自己的父亲，这时候就碰到了苏格拉底。苏格拉底怎么样跟他谈话呢？

我们知道苏格拉底有他的辩证法，擅长对话，精通辩论的方法。苏格拉底就跟游叙弗伦谈"虔敬"这个名词怎么界定，然后慢慢地一步一步地引游叙弗伦上钩。他不想把自己的思想强加给游叙弗伦，他要让游叙弗伦自己去体会：儿子告发父亲是有问题的。苏格拉底与孔子，一个是古希腊的智者，一个是先秦的圣人。他们在子告父罪的问题上都是一致的，即不主张亲子告发自己的父母。

在《游叙弗伦篇》中，苏格拉底跟游叙弗伦谈了很多，其实无非就是让游叙弗伦不去告父。最后游氏落荒而逃。游氏最后并没有去告发他的父亲，因为按照苏格拉底没有直接说的这些道理，儿子告发父亲是慢神的，是不虔敬的，不尊重神的，也是有违神的意旨的。苏格拉底、柏拉图也很重视家庭伦理，并没有把家庭伦理与法律对立起来，绝不赞同儿子控告父亲的行为，其根据是批判继承了的传统虔敬观，而传统虔敬观、习俗与法律首先要求"尊敬父亲"。游叙弗伦主张"子告父罪"会伤害城邦正义。¹这也表明：防止亲情被伤害、被扭曲，是人类的共性；高智慧的贤哲不仅重视法律，更重视法律之上的法理与宗教伦理精神。

我们再看孟德斯鸠的《法的精神》。孟德斯鸠讲，妻子怎么能够告发自己的丈夫呢？儿子怎么可以告发自己的父亲呢？为了对盗窃这一罪恶的行为进行报复，法律竟然规定另一个更加罪恶的行为，这是违反人性的。他是不主张亲人之间的反目互告的。两害相权取其轻，相比较而言，维护亲人之间的和谐，对社会的公序良俗更为重要。当时的另一条法律是，允许与人通奸的妻子的子女或者丈夫的

1 详见陈乔见：《逻辑、理性与反讽——就〈游叙弗伦篇〉的解读与邓晓芒教授商榷》，《学海》2007年第2期；林桂榛：《苏格拉底对"子告父"表示赞赏吗?》，《江苏社会科学》2007年第4期；顾丽玲：《苏格拉底眼中的游叙弗伦问题——以柏拉图的虔敬观为视角，刘水静：《重析西方文化传统中的"亲亲相隐"与"大义灭亲"之道德意涵》，顾文与刘文载郭齐勇主编：《正本清源论中西》，华东师范大学出版社，2014年。

子女来控告，并对家中奴隶进行拷打。孟德斯鸠说，这真是一项罪恶的法律，为了保存风纪破坏了人性，而人性却是风纪的源泉。所以孟德斯鸠一针见血地指出，那些貌似公正的法律条文，对法理精神、对人性其实是践踏的。法理精神大，还是法律条文大呢？人性重要，还是法律重要呢？我们当然不能绝对地把它们对峙起来。如果为一个小的问题损伤了一个大的问题，特别是亲情的损伤，这是伤筋动骨的。我们的传统社会中，从汉代以来，中国的法律条文中就有把儒家孔孟的这些观念转化为法律条文。比方说董仲舒以《春秋》大义来判断案子，从公羊学中发掘父子相隐，并推广到养父子相隐，还有几代都可以有隐默的制度，就是儿子隐匿犯罪的父亲，孙子隐匿犯罪的祖父不违法，不判他窝藏罪。

前面我们说过，"隐"字在"父子互隐"章不能抽象为"隐匿错误"，孔子本无此意。但历代学者对于此章的诠释，尤其是涉及法律意义的运用与诠释，却指点了亲人犯了错误，甚至是犯了罪之后，人们应如何对待、处置的问题，以及公权力应如何对待，法律上应如何规范的问题。在汉代以后的中华伦理法系的建设与实践过程中，"亲亲相隐"的"隐"字，逐渐演变为"隐匿亲人的罪""隐匿犯了罪的亲人"的意涵了，而且这是受法律保护的。这也就是刘宝楠讲的"隐"的第三个义项："若不幸而亲陷不义，亦当为讳匿。"我们应注意，"隐匿犯了罪的亲人"之"隐"，当然不是孔子原意，而是后起意。大体上是人们反思秦法的弊端的结果，当然更是汉代及以后社会法律实践的需要。

在桓宽的《盐铁论》中，以贤良文学为代表的民间人士、儒生，强烈反抗、抗议皇权专制，依据的即是孔孟之道与公羊《春秋》。汉宣帝的本纪所载，在汉宣帝地节四年（前66年），第一次用诏书的方式宣示了中华伦理法系中如何保护亲情，讲父子之亲、夫妇之道是天性。也就是说，从汉宣帝时期开始，中国的法律就已经允许亲人之间特别是直系亲属之间容隐的权利，保障这种容隐的权利。东汉末年的时候，法令规定了军士逃亡可以拷打军士的妻和子，这显然违背汉宣帝地节四年的诏书。这个条例遭到了一些有识之士的反对，后来曹操把它废除。之后晋元帝采纳了建议，规定亲属之间不得互证其罪。南北朝时期继续发展，到唐代的唐律里完全确立了同居相隐不为罪的原则，我们几代人在这里同居，那么我们有权隐匿自己犯罪的亲属。这个容隐的范围进一步扩大。到了唐代，法律比较健全，已经形成了一个完整的体系，已经不只是在直系亲属、近亲之间，还有一个比较大的范围。[1]

这说明，对私人领域、私人空间的保护，恰是最大的公正。合情合理的法才是良法。孔孟之道是

1　参见吴丹红：《特免权制度的中国命运——基于历史文本的考察》，载《证据学论坛》第 10 卷，中国检察出版社，2005 年，第 370 页。

全面的，不仅倡导以"仁爱"为中心的仁、义、礼、智、信的价值体系，严辨人禽、公私、义利之别，强调公正廉洁与人格操守，而且主张区分门内门外，在门外公共领域中，义德高于恩亲，甚至在一定意义上还主张"大义灭亲"，在门内私人领域中，恩德高于义德。但所有这些，儒家是讲"具体理性"的。只有从儒家价值的整体系统出发，从"具体理性"出发，才能深刻理解诸如《孟子》论舜的两章等文本，才不至于肢解、武断、扣帽子。

第十三章

谈谈家风、家训、家教

中国有一个传统，那就是家文化的传统。西方人比较强调个体和社会的关系，强调个体的自立，非常重要、非常好，具有现代性。但中国人看重的是个体和社会之间的中间环节——家庭。家是我们生存的港湾，是温暖我们心灵的地方，是我们第一和终生的学校。

我们每个人都有离开家的时候、颠沛流离的时候。我当过知青，又在外地当过工人，家书抵万金，这样一种感觉，爸爸、妈妈、哥哥、姐姐和妹妹每来一封信，那都是要反反复复地看的。什么叫家书抵万金？我有体会。过去的礼仪规范，初一、十五要上香，家里有神龛，如逢年过节或者祖上的生日、忌日要祭祀。怎么进行这些祭祀活动？历朝历代都要规范这些祭祀活动，不能淫祀，就是不能有太多太繁的祭祀，因此有家礼。相传有朱子的《家礼》，在当时整理、简化的冠婚丧祭等家族礼仪。

各位女士们、先生们，可以看一看，我们中国，以"家"字开头的词语有多少。家庭、家族、家训、家书、家风、家教、家礼，都带有"家"字。今天跟各位切磋，向各位汇报，以《颜氏家训》和《曾国藩家书》为例，来看一看我们家文化的传统。今天跟各位切磋和汇报的有四个方面的问题，一是家训家教的传统，二是《颜氏家训》，三是《曾国藩家书》，最后是重建家风的现代意义。

一、家训家教的传统

我们这样的文化传统，我刚刚讲到礼、家礼，是中国文化和其他文化不同的特色。你们看印度文化、西方文化、伊斯兰文化，与我们的文化都不一样。我们的文化发展，一以贯之，一直到今天。我们的人种、我们的文化吸收了外来的很多因素，最后融合成现在的种族与文化。文化一代又一代地传承下来靠什么？靠教育、教化。西方人靠宗教，西方的道德是通过宗教来安立人心的，中国的道德是通过人文的教化。教育中，家教是大教育中的一环、一个部分。我们的道德文明不是通过宗教，而是通过教育，特别是人文教育传承下来的。我们的五常，仁义礼智信，我们的四维八德，孝悌忠信、礼义廉耻，都是靠家风家教及社会教育、学校教育慢慢传承下来的。

我们都是人之子女，也是人之父母。年轻的朋友是潜在的人之父母。你看中国人重视家文化、家教，它和学校文化、社会文化、社会教育、学校教育配置起来。其实对一个孩子的成长来说，家庭比学校的影响更为重要。家庭教育的方式丰富多样，当然是家长的身教胜于言教。孩子们从大人的身上，从大人的行为方式、语言方式上学到很多东西。你老是用粗痞的语言，孩子就会学粗痞的语言，说粗话。你教给孩子言行不一，说一套做一套，孩子也会这样做。所以在身教与言教的这种家庭教育中，身教更重要，我们的行为举止无时无刻不影响着孩子。

另一方面，言教系统，就有家谱、家书、家信、家礼、家里的门联等起到重要的作用。传统的宗族家族社会，一家一家传承下来，它不只是一个生物学的传承，基本上和更重要的是人文的传承。因战乱或灾荒，历史上有多次大规模的人口迁徙，中原的人迁徙到南方，有的还迁到海外，客家人就是这样形成的，这样传承过来，一家一户传承过来，基本上把我们的道德文明传承了下来。

我们古人很重视蒙学读物，像"三百千千"，即《三字经》《百家姓》《千字文》《千家诗》。宋代以后的蒙学，"端蒙养、养童蒙"，启发儿童开蒙、启蒙，要正蒙。所以端蒙养、重家教是我们的优秀传统。历朝历代家族兴旺发达的，大体上是运用家训来教育子弟。所谓"整齐门内、提撕子孙"，以这个为目的。我们儒家经典有"四书"，"四书"就是《论语》《孟子》，还有《大学》《中庸》。《大学》其实只有1700多个字，也成为一书。它是《小戴礼记》的一篇文章，讲修身齐家治国平天下，讲内圣外王。内在的道德修养，外在做事功。历朝历代的能臣，为社会做贡献的臣子，大体上都有一个好的家风的熏陶，使他健康成长。

如果要说家训的话，我们有两千多年甚至三千多年的历史，周公在辅佐他的侄儿成王时，面临很严峻的形势，他要平叛、打仗、治理国政。周代初年他的封地就是后来的鲁国，后来把他的长子伯禽派到那里去治理。周公《诫伯禽书》，告诫伯禽不要怠慢、轻视人才，要重视人才。周公是"一饭三吐哺"，一顿饭还没有吃下来，好多人来找他，到他这里来，他要接待。他要漱口后接待别人，一顿饭多次这样做，他重视招徕人才。"一饭三吐哺"，吃一次饭多次被打断，"一沐三握发"，洗一次头发多次被打断，说明他重视、尊重人才。这就是所谓"周公吐哺，天下归心"。伯禽继承周公谦虚谨慎的美德，治鲁十分成功。

太史公司马迁的父亲叫司马谈。司马谈父子是家传的史官，继承史家的学问。司马谈临终前的《命子迁》，希望自己死后，司马迁能继承他的事业，并认为这是"大孝"，"且夫孝，始于事亲，中于事君，终于立身。扬名于后世，以显父母，此孝之大者"。他讲的孝是什么呢？孝，我们看起来是孝亲、侍奉父母，其实也是为了国家，为了自己的安身立命。扬名于后世，使父母、家族得以光耀，这才是孝。中国人说的孝，不仅是为了家，还是为了国家、民族的发展。周公给他长子伯禽的信，司马谈给他儿子司马迁的信，这些都成为家训的源头。

大家更清楚的，像诸葛亮的《诫子书》《诫外甥书》，我们的中学教材都收进来了。诸葛亮告诫他的儿子、外甥，教育子弟，一封几百字的家书流传千古。我们要做君子："夫君子之行，静以修身，俭以养德。非淡泊无以明志，非宁静无以致远。夫学须静也，才须学也，非学无以广才，非志无以成学。"不要太浮躁，静的对立面是动，我们要动静结合。静以修身，静心地反省自己。俭以养德，要以俭德来养育我们的生命。要淡泊，不要太多功利的考量，不要太多勾心斗角，不淡泊怎么能够坚定自己的志向呢？不宁静怎么能够走得更远呢？我们要学习，我们要静坐，反省自己，这样才能学好。学习可以增加才干，有志者可以坚持学习，要志存高远。诸葛亮是这样告诫子弟的。

北宋政治家、大文人欧阳修写给他二儿子欧阳奕的《诲学说》，用的也是《礼记》里面所说的：

"玉不琢，不成器；人不学，不知道。"玉怎么打磨的呢？将玉石打磨成玉器有一个切磋、琢磨的过程，如切如磋，如琢如磨，人也是这样。我们要温润如玉，培养君子，就像君子要佩玉一样，我们也用玉来比喻君子的美德。所以我们要改过迁善，要变化气质，就像我们制玉一样切磋琢磨，要变成温润的玉。我们要做君子，不要做小人。欧阳修告诉自己的儿子，要这样打磨自己、修养自己，培养自己成才，首先是要成人。

南宋时期的大思想家朱熹也有他的家训，他的家训很简易，但有深意。他说"君之所贵者，仁也"。如果当政者不爱民，那你怎么来治理天下呢？臣最重要的是忠，不是忠于一个人，而是忠于国家、民族、事业。父亲最重要的品质是慈爱，做人子最重要的品德是尊重父母、孝顺父母。新时代孝顺父母不只是给他们饭吃。孔子就说了，我们只给老人饭吃是不够的，养狗、养马不是也给它吃吗？我们养父母不能跟养狗、养马一样。那有什么区别呢？区别就在于我们有爱心、孝心，尊重老人，我们不是把几个钱给老人就够了。新时代的爱，注重情感交流。对父母的爱，还是要常回家看看，跟老人做心灵的沟通。老人不差你这几个钱，差的是心灵情感的沟通。所以君、臣、父、子，传统社会的美德以仁、忠、慈、孝作为基本的价值、重要的内在的精神。兄友弟恭，兄姐爱护弟妹，弟妹尊重兄姐。夫妇之间相互配合、相互尊重。先生在家里不尊重妻子，妻子在家里不尊重先生，别人看不到，你的子女是可以看到的。你的言语行为中表现出对另一方的不尊重，会直接影响的是你的孩子。所以夫义妇顺，在家庭可潜移默化为孩子们的行为方式和价值方式。

朱子讲了六德，然后就讲侍奉师长，要以礼德来侍奉师长。交朋友要讲究信用，讲究德信、诚信。我们见老者要尊重他，见幼者要慈爱他。有德的人，年龄比我们小，我们也尊重他。那些不孝者，年龄虽然高于我们，我们也要敬而远之，远离他。我们不要谈别人的短处，别人的缺点让别人自己去揭示。我们不要在众人面前议论别人的短处，也不要去夸耀自己的长处。我们有仇，要用义德去化解它；我们有怨，要以直德去回报，所谓以直报怨，以德报德。我们随遇而安。人家有小的缺点，我们原谅、宽容；人家有大的缺点，我们一定要指出，让他明白。"勿以恶小而为之，勿以善小而不为。"这是我做小孩的时候，爸爸妈妈当年说得最多的话。不要以为小事情，虽然是好事，也不去做，小善积累，积善成德。不要以为坏事太小了，我们就可以做，也不能做，勿以恶小而为之。人家有恶，不要当众人面指出，而需婉转地批评。人家有善，要当众当面去表扬、褒奖。我们在社会上以公道心做事，处世没有私仇；我们在家也没有私法，都是公正、公平的。

　　朱子在家训、家教中告诫：作为一个社会的人，不要偏私，不要损人而利己，不要妒贤而嫉能，不要称忿而报横逆，不要非礼而害物命。动物、植物也不要任意去破坏，动物有生命，植物也有生命，不要害物命。见不义之财勿取，遇合理之事则从。家训里面的教育，家教里面的教育，看起来好像是私密性、小领域、私领域的，其实我们的道德培养是从小到大、从内而外的。这些家训、家教都是为我们的子弟走上社会，提前进行养育、培养。长此以往，累积下来，遇不义之财我不取，遇合理之事我才去做，这就是社会公德养成的基础。所以我们家训、家教的传统，不是只重视私德。恰好，仁义礼智信、礼义廉耻这些私德，是可以转化为公德的。特别是像廉耻，我们做了公务员，为社会服务，我们怎么样来廉洁奉公？这就变成了公德。朱子的家训讲"诗书不可不读，礼义不可不知，子孙不可不教，童仆不可不恤，斯文不可不敬，患难不可不扶"。作为一个人，内圣外王，立身行事，要做一个正正当当、堂堂正正的人。长期以来，家训、家教的传统是这样来提撕子弟的。

我们刚刚讲到朱熹的家训里面大量地是讲公德，但是从家文化来培养我们的私德，由私德转化为公德。过去还有一个袁家的家训，也是南宋的，叫《袁氏世范》。这个家训也流传久远，有《睦亲》《处己》《治家》三部分，强调父子、兄弟、家庭和睦。古代的家族很大，如何摆平这个家很不容易，也需要奉献、牺牲精神。特别是长子、长媳，在家里有很多的奉献和牺牲。我的父亲是长子，我的母亲是长媳，他们的作用很重要。我父亲一辈有兄弟姊妹八人，我们这一辈有兄弟姐妹七人，那时候条件很差，还是靠我的祖父与父母亲在家里做表率，起很好的作用。父母亲省吃俭用，节衣缩食，一碗水端平，出以公心，既照顾好弟弟妹妹，又照顾好子女。这样，这个家里的主要人物修身处世、持家兴业，然后才能把他们的子弟培养起来。传统社会就是这样一代一代传承下来的。这个家训，细心启诱、深入浅出、娓娓道来、如话家常，反复地训诫，又称《俗训》，使老百姓的子弟慢慢来成长。

家训的文化、家书的文化强调教子要早要正。正是正派、正当；早是有胎教、幼教，主要讲的是父慈子孝。《袁氏世范》里面也是这样讲的，父母对子女要均其所爱，因为过去不是只有一个子女，子女很多，父母不要偏爱，偏爱容易引起子女之间的纠纷，影响子女对父母的情感，所以要平衡。它强调一个是父慈子孝，另一个是均其所爱，不偏私，不偏爱。另外袁采的家训里面，父母对子女的教育要注意子女的性格特征，父母不能把自己的意志强加给子女，要相互体谅，长幼贵和，相处贵宽，宽容、宽恕；家庭也有其公共事务，要各怀有公心；对于小人要敬而远之，要厚于责己而薄于责人；等等，这也是《袁氏世范》的一些精华部分。

朱柏庐的《治家格言》(也叫《朱子家训》)非常重要，流传很广。我的父母亲文化程度不高。为了家庭，我父亲很早出去做学徒，母亲在家里养育孩子、持家，他们熟读的就是《朱子家训》等，跟我们说得最多的，口中念念有词的还是："黎明即起，洒扫庭除。"这个教育非常普遍。有一次我到山西去看王家大院、乔家大院，我发现他们对富二代的教育，也是用的朱柏庐的《治家格言》。富家子弟家里雇了人，但早上打扫庭院，晚上关门锁户，一定要自己的子弟亲力亲为。为什么？锻炼子弟的责任心。所以黎明即起，洒扫庭除，要内外整洁，院子要整洁，自己的卫生也要做好。即昏便息，晚上关锁门户，要亲自检点，还是要他们的子弟亲力亲为。一粥一饭，当思来处不易；半丝半缕，恒念物力维艰。现在的年轻人不在乎了，我们是饿过肚子的一代，我们长身体的时候没有饭吃，要读书的时候没有书读，我们是这样一代人。

　　有一次我们武汉一所大学的一个食堂发生了一件事。一个大学生，刚买了一个大白面馒头，咬了一口就扔到垃圾筐里去了。一位老师看不惯，那位老师的年龄大概也跟我差不多。老师看了很生气，要这个孩子把馒头捡起来重新吃掉，后来两个人发生了冲突。当然，这位老师的方式方法不对，后来武汉的报纸还对此展开了讨论。因为今天的大学生不知道，以为这个馒头很容易得来，他们不知道一粥一饭来之不易，半丝半缕都要爱惜呀。家训又说：未雨绸缪，不要临渴掘井，就是说平常要有积累、准备，不要等到事到临头的时候再仓促应战。什么时候都要有防灾防突然事变的准备，人、财、物力和思想都要有所准备。又说：自奉要简约，要勤俭持家，宴客不要吃流水席。你看朱子《治家格言》是讲如何去勤俭持家，器具要干干净净，瓦缶器物也是很重要的，甚至胜过金玉。我们怎么样来勤俭朴素、治理田园？不要贪意外之财，不要饮过量的酒。对穷苦的邻居要尊重爱护，不要去跟人家扯皮、打架，等等。这些都是家训家教，它主要还是道德教育。

中国儒家的传统、礼的传统是通过宗族、家族、家庭、社会、学校的教育，把这些道德的东西慢慢启迪或者积淀在子女心中，慢慢浸润一代一代子女。当然家教里面可能也有一点点因果报应的思想，比如说见色起淫心，可能你的妻女会受到报应；你用暗箭去伤别人，可能祸延及子孙。这些我们过去蒙学、家训的书，如《了凡四训》以及《醒世格言》《增广贤文》可能有这些。因果报应是文化小传统、民间社会的一种规约的方式。又说，人家有喜庆的事情你不要嫉妒，人家有祸患的事情你不要幸灾乐祸，要有一种体谅别人的心情。施惠勿念、受恩莫忘。你给别人恩惠，不要老计较，人家记得就记得，不记得就不记得，坦荡一点。但是你受了别人的恩惠，要懂得感恩，我们要有感恩之心、恻隐之心、恭敬之心，我们得到别人的恩惠，我们一辈子感念别人。我们的师长提拔我们、教育我们，我们的朋友关心过我们，我们的邻居帮助过我们，更不用说我们的父母，我们要始终受恩莫忘。朱柏庐的《治家格言》基本上还是以这样的正面的内容为主。

前面跟大家说了一下，大体上是从周公以来，我们的名臣、大家族和老百姓的子弟是怎么样接受家风家教的。而这个家风家教的主要内容，基本上是道德的内容，而且它不只是私德的内容，不只是个体的道德，同时也有公德隐含其中，私德也可以推到公共道德上来。大家知道，蔡元培先生当过南京临时政府的首任教育总长，也是北京大学的校长，是留德的洋博士，也是传统社会的翰林，高级知识分子。传统学问和西洋学问都非常好的蔡先生，他在民国初年给中学生写了修身教材。你看一个大学校长、教授、南京临时政府的教育总长，他给中学生写修身教材，印行了十多版。他还给到法国去打工的工人写了夜校的教材，都是说的修身为本，孝道为先。这跟我们前面讲的家训的内容是相当的，基本上还是传统文化的五常（仁义礼智信），以及四维八德的内容。以这样的内容来养育我们的子弟，以这个为正道。这是我今天讲的第一方面。

二、《颜氏家训》

第二方面，我们讲讲《颜氏家训》。我们知道颜家是中国有名的大家族。颜渊（颜回）是孔门的第一人，他早于孔子去世，他死的时候孔子很伤心。颜家那时候很贫穷，孔夫子赞扬他箪食瓢饮，人不堪其忧，回也不改其乐。只有颜回做到了，一瓢冷水、一筐冷饭，他就这样来度日，但是他学习非常好。

颜家到了南北朝时代，出了颜之推这样的人物，他是文学家、教育家。颜之推很不幸，他在动乱的年代历仕四朝，三为亡国之人。他当过俘虏，后来偷渡黄河。他在北朝（北齐、北周）当过官。后来到隋代统一了，他又仕隋。他是生于乱世、长于戎马，流离播越，闻见已多。后来在隋文帝、隋炀帝之间的年代，他就写了这本《颜氏家训》，训诫子孙如何提撕自己。全书二十篇，以传统的儒家思想教育子弟，讲如何修身、治家、处事、为学。颜家名人很多，像大学者颜师古是颜之推的孙子，书法家颜真卿与以身殉国的颜杲卿是颜之推的六代孙。他们都是非常重要、优秀的颜氏子孙。

《颜氏家训》涉及的家庭教育的目的、内容、态度、方法等等，是系统完整的家庭教育的教科书。颜之推提出了一些切实可行的教育方法来培养人才，而且他非常务实，认为所谓人才，治国要有方，营家要有道。一个家也要靠经营，不然就破败了，富不过三代。所以治家也有一些办法。

历史上无论是朝廷，无论是地方、民间，对《颜氏家训》都非常推崇，认为古今家训以此为祖。

这是最重要的一部家训。它除了序言之外，有教子、兄弟、后娶、治家等等，一共有二十篇。

第一，关于修身。有这样一些内容，如说：孔门弟子颜回、闵子骞德行第一，我们跟着他们学做道德的人行不行？做不做得好呢？也许颜回、闵之骞这样的典范人物在我身边比较少，但是我身边有德才都比我更优秀的人，那就足以贵之，足以值得学习了。这是主张向身边的优秀者学习。所以不要说身边没有颜回、闵之骞这样一些最顶级的道德楷模，但是我周边仍然有比我强的人，要虚心体察，德业各方面比我强的人，这就足以让我学习了。四海之内皆兄弟，谈何容易？但是我们志向比较相投的，道义上能够相应的人总是有的吧？所以我们也可以和身边的一些志同道合、道义比较相当的这些人成为兄弟、朋友，互相激励、互相磨砺，来做人。"与善人居，如入芝兰之室，久而自芳也；与恶人居，如入鲍鱼之肆，久而自臭也。"和好人生活在一起，就像我们到了芝兰之室一样，像进了花圃一样，久而久之自己也有香味了。和坏人搞在一起，就像进入鲍鱼之肆，久而久之自己也是满身的臭味了。我们晚上修炼自己、反省自己，夜觉晓非，检讨自己白天的一些过失。今天要纠正昨天的一些过失。所以每个人每时每刻反省自己，吾日三省吾身，要端正自己。还有像自高自大，凌忽长者、轻慢同列，这也是不可取的。我们要修身、求名等等，就像我们照镜子一样。他说："宇宙可臻其极，情性不知其穷，唯在少欲知足，为立涯限尔。"就是说宇宙广大，也许我们自己还不能够体察它的无穷、无限、广大，所以我们的胸量也要广大，我们不能知道一点点东西以后，就画地自限。

《颜氏家训》里面修身方面的内容是主要的，大体上《颜氏家训》对于教育的目的，还是强调做人，行道以利世。主要还是要做一个好人，有利于我们这个社会的健康发展。所以它的内容也还是怎么样处世，怎么样修身，怎么样来培养自己，怎么样虚心务实、博习广见，怎么样去相互切磋。因此，如我们不修养自己，只要求一个好名声传于世间，那是做不到的。你自己不修养自己，要求好名声传于世间，那好像是面目很丑陋的人，妍影不在镜子里，却怪镜子一样。"夫修善立名者，亦犹筑室树果，生则获其利，死则遗其泽。"我们还是要自己修德，慢慢地去修德。我们有一分耕耘，才有一分收获。巧伪不如拙诚，有的人投机取巧，伪善好像骗得一时，但是我们还是要强调拙朴，还是要强调诚实，看起来巧伪者比诚实者、拙朴者更行于世，但长久下来，还是守拙、守诚者被社会认可，能够为社会做出一些贡献。你是以利益求得的东西，名声也好、利益也好，会因利而遭遇危险。"人生难得，无虚过也。"我们还是要抓紧时间学习，不要虚度了人生。

第二，关于处世。《颜氏家训》教育自己的子弟，"士君子处世，贵能有益于物耳"，这个物是东西，他人他物。"不徒高谈虚论，左琴右书，以费人君禄位也。"人君给你一个官位，你在那里浪费了这个职务，没有为老百姓谋福利。所以士君子处世，还是要做有益于民间老百姓的一些事情，不要高谈阔论、虚度光阴，枉费了这个职位。所以"生不可不惜，不可苟惜"，生命诚可贵，我们一定要珍惜生命，但是一旦要奉献的时候，我们也不要吝惜。

"上士忘名，中士立名，下士窃名。"对于名誉这样的事情，越是高的人越是容易把它看得很淡。"肠不可冷，腹不可热，当以仁义为节文尔。"一定要有热肠，要关心国事民瘼，也不要太过热，一定要冷静、理性地思考，一切都以仁义为归，节制自己。仁德是孔夫子所强调的最大的道德。仁者爱人。义德有分辨，有道义，当怎么样就怎么样。所以他讲节文，即有条理。"善恶之行，祸福所归。"我们积善成德，同时我们的祸事也可能是积恶所造成的。善恶当然不直接跟祸福挂钩，但是积恶成祸，也是可以预见到的后果。所以"君子处世，贵能克己复礼，济时益物"。克制自己回复到社会生活的规范之轨道上来，救济别人于一些历史偶然性的患难，做有益于他人他物的事情。此外，强调教育的目的，是培养有宽阔胸襟、对社会有益的人。家训的内容，像这样的一些处世格言都是非常好的，虚心务实的一种态度，我们怎么样为社会、为他人来做出奉献。

第三，关于治学。另外家训特别强调治学，如说，我们没有读遍天下的书，就不能妄下雌黄，不能口出狂言，很多书你都没有读，很多知识你都不懂。"光阴可惜，譬诸逝水。当博览机要，以济功业。"要爱惜光阴，它如流水一下子就过去了。我们要博览群书，了解它里面最重要的一些要义、精义，使我们的功业得以滋润，成长出我们的事功。如果我们的道德和事功能够兼得的话，那我们就没有什么遗憾了。"夫学者犹种树也，春玩其华，秋登其实；讲论文章，春华也；修身利行，秋实也。"学习的人就像种树一样，春华秋实，秋天得到果实，是因为我们从春天开始，种树、浇水、修枝、培养的结果。我们读书讨论也是这样的，好像是春天的花一样，而对于修身行事而言，好像就是秋天的果实一样，慢慢才能结果。"夫所以读书学问，本欲开心明目，利于行耳。"我们读书学习还是开阔心胸，使我们看得更远，有利于我们实践、行事。所以，"积财千万，不如薄技在身"。他讲务实，要有一技之长，要有谋生的手段。要教育我们的子弟博习亲师、热爱学习，磨砺自己。"有志向者，遂能磨砺，以就素业；无履立者，自兹堕慢，便为凡人。"素业，指干干净净做人做事，也指继承儒家事业。儒家中的人没有那么功利，我们还是要立志，做一个大人，我们一定要有志向、人格。"人生小幼，精神专利，长成已后，思虑散逸，固须早教，勿失机也。"小孩专注，长大以后，心思发散，所以要早教，机不可失。《颜氏家训》里面提倡早教、胎教、幼教，从小开始培养孩子的心智，培养他广阔的胸怀，不只是学知识，知识里面还有价值，不只是价值，还有安身立命之道，慢慢积累起来。《颜氏家训》非常丰富，非常全面。

第四，关于持家。"无教而有爱，终为败德。"我们对孩子的教育不能盲目地只讲爱，而且变成溺爱，那是不能成功的。我们既要身教又要言教，当然要讲方式方法，要跟孩子讲道理，要让孩子学会讲道。孩子一哭一闹就抱他、亲热他，他就老是这样哭哭闹闹。要让他讲道理、懂道理，这样慢慢去训练他。"今有施则奢，俭则吝；如能施而不奢，俭而不吝，可矣。"今天有人施舍给别人，自己过得很奢华，有人勤俭持家，但很吝啬，这都不好。希望做到施舍给别人，自己也不奢侈；勤俭持家，自己也很大方，不吝啬。"父不慈则子不孝，兄不友则弟不恭，夫不义则妇不顺矣。"孩子是耳濡目染父母亲的言行而长大的，父母不慈爱子女，子女也不会孝顺父母。弟弟是看着哥哥的行为而长大的，兄姐不友爱，弟妹就不会尊重兄姐。妻子与丈夫之间也是如此，互相关联的。家训还强调"父母威严而有慈，则子女畏慎而生孝矣"。父母还是要有威严的，虽然不能去体罚孩子、打骂孩子，但是父母要有威仪。"君子不重则不威，学则不固。"所以我们对待子女要有慈心，同时要有威严。当然你自己要立得住，这样子女对父母不只是有爱，同时还有一种敬畏、谨慎，有孝心。一家兄弟姊妹几个，父母爱自己孩子要均，一定不能够偏。自古至今偏爱某一个子女，就会有很多弊病的，偏爱就会发生问题。婚姻不要贪恋好的、有权势的家庭。

唐翼明先生讲《颜氏家训》讲得非常好，我向大家推荐他的书《唐翼明解读〈颜氏家训〉》。他说，最严重的问题就是说你的孩子没有家教。这个话中国人听了是最刺痛心灵的话。没有家教，孩子吃饭没有吃饭的样子，一出去吃饭，当众就露馅了，人家就觉得这个家里没有家教。一出口都是恶言，不尊重人，不懂礼貌。教育不只是学校和社会的事情，一对好父母胜过100个好老师。对孩子的影响，父母大大超过老师，主要是言行举止，身教比言教更重要。西方人对儿童的教育片面归结为爱的教育。唐翼明先生说，其实我们对子女不是一味地爱就行了，还有言教。刚才《颜氏家训》里面强调了严格管教的一方面，另外早教胜过晚教，要早一点教育。

唐翼明先生说，慈爱是天性，但是孝跟爱是不一样的。父母对于子女的慈爱没有错，但是方法要讲究，不要太溺爱，也不要太严厉，要适度，合于中道。唐翼明先生甚至主张"父慈母严"：一般是母亲比较慈爱，父亲比较严厉，其实可以颠倒一下，母亲严厉一点，孩子一般不会疏离母亲。父亲太严了，孩子容易疏离父亲，甚至憎恶父亲。"父兄不可常依，乡国不可常保"；"积财千万，不如薄技在身"，这些是千古不易的道理，我们还是要自立，父兄不能管我们一辈子，乡国也不能管我们一辈子。

我们还是要教孩子有一技之长，让孩子有立身行事之本，才有自立的基础。这都是非常重要的道理。《颜氏家训》里面对于教育的目的，强调仁爱、修身、行道以利世，强调这样一些方面。它的内容丰富，希望子弟会做杂役，参与文体活动，知道种庄稼的艰难，强调教育的态度是虚心务实、博习广见、勤勉惜时、相互切磋。关于家教，提倡早教、言教，重视教育的氛围。另外重视家庭教育中的语言教育，我们家长在家里说什么话非常重要。你说粗痞的话，孩子就会说出粗痞的话。你不经意地说出骂人的话，孩子马上学去了，所以语言教育也非常重要。道德教育、为人之道的教育更重要，也是通过语言、行为不经意地施教的。《颜氏家训》里关于家庭教育的目的、内容、态度、方法，都有全面的讨论。

教子严，不溺爱。颜之推在《教子》篇中举了一严一宠两个例子。梁朝的名将王僧辩的妈妈对他很严，结果他成了一个主将，非常有名。梁朝的一个学士小时很聪明，父母很宠爱，骄傲得很，结果遭殃被杀了。《礼记·学记》里面讲："玉不琢，不成器；人不学，不知道。"《三字经》里面为韵律改成："玉不琢，不成器；人不学，不知义。"欧阳修也是改成"不知道"，道义的道，道理的道，儒家的道。《三字经》里面讲："养不教，父之过；教不严，师之惰。"这也是我们今天要学习的一些内容。严母之教很重要。我们古代、近代有很多名人是寡母养大的，胡适之、鲁迅都是寡母养大的。胡适先生的父亲早亡，母亲对他严格要求，做了错事要跪在床头，一跪几个钟头。当然现在我们不主张体罚孩子，不提倡。但是我们知道严母之教也是我们的一个传统。这是我们讲的第二个方面《颜氏家训》。

三、《曾国藩家书》

第三个方面我们讲一讲《曾国藩家书》。唐翼明先生的胞弟、大作家唐浩明先生是曾国藩研究专家，整理了《曾国藩家书》等曾氏的著作，也写了有关曾氏的小说等，影响很大。我们看看曾国藩怎么重视对子弟的教育。我们刚刚讲了家书抵万金，现在这个社会都是短信、微信，现在保留不了家书了。过去我们每看一封家书，都很温暖。我们在外面飘零的时候，看到爸爸妈妈、哥哥姐姐的信来了，总是反复地读。我父母在武汉，在外地的子女每一封信来了，他们都要反反复复读好多遍。有一次在北京工作的二哥让一位学生捎带东西来，附了一封信。他们反反复复读了几遍，才跟来人说话。过去，人们用家书联络家人的情感，砥砺家人的品节。

《曾国藩家书》在平淡中寄寓了真知良言，为世人所推崇。曾氏自己中了进士，但他的几个弟弟科考都不行，便有怨言、牢骚满腹。他坚持修养自己，常给弟弟们写信，教育弟弟们怎么开阔自己的心胸。他还教育自己的子弟做学问要勤俭、自立、有恒心、修身，以及如何做官，都是讲的中华民族的传统美德。

《曾国藩家书》的行文从容镇定，形式自由活泼，随时想到什么就写什么，挥洒自如。曾氏的学术造诣很深，道德修炼、生命体验的智慧也很高，所以道德、文章冠冕一代，赢得了这样的美称。他非常重视家书，他的家书非常有意思。他写给几个弟弟的信，写给他儿子曾纪泽、曾纪鸿的家书，如果我们把它再分类的话，有治家、修身、劝学、理财、济急、郊游、用人、行军、旅行、杂务十大类。曾家也像前面讲的颜家一样，也是向来治家极严的家庭，非常有章法。大家知道，过去都有家谱，家谱里面就有一些家训，记录历朝历代传承者的姓名。

曾国藩受家风的熏陶，对子女要求很严格，谆谆加以教诲，他也很讲究章法。在家书里面，跟他的子弟谈人生理想、精神境界和道德修养。孟子为什么谈"君子之泽，五世而斩"？这里讲财产和权力的分配和再分配的问题。为什么富不过三五代？曾家家族代有英才，曾国藩的长公子曾纪泽是了不起的外交家。有一次到俄罗斯出使，硬是把土地争过来了，很了不起。曾家子弟中还有曾广钧、曾约农，有一些自然科学家，像后来在我们武大任过教的，在高教部当过副部长的曾昭抡是院士，化学专家。曾家出了不少人才。毛主席说曾国藩是干事（干出事业）兼传教（留下思想学说）的人。

我们从他的家书里摘录几段文字，大家可以来看看，他怎么样来教育自己的子弟。他讲"勤"字的功夫。一定要早起，早起读书。第一个是要有恒心，长久如此，不是三分钟的热度。王侯将相宁有种乎？圣贤豪杰也是我们老百姓的子弟，贵就贵在要勤、恒、立志，大家都可以做到。所以他说，读书一定要立志向，读书不是为了科举，读书是要做人、做圣贤。第二是要有自己独立的见识、见地。第三是有志向。立志是不甘为下流，要做一个人上人，不能自满自足于一时一地。有恒就是有恒心，不要三天打鱼、两天晒网。有志向、有恒心、有见识，三者不能缺一。

读书，不讲条件。苟能发奋自立，则家塾可读书，即旷野之地、热闹之场亦可读书。你要有心读书，哪里都可以读书。在旷野之地、茶馆、热闹场合都可以读得进书。你没有立志，清清静静的地方你也胡思乱想，你也读不进书。你有志，背着柴火、放牛，也可以读书。你不能发奋立志，在家里清静之地、神仙之境也不能读书。所以读书不择时、不择地。现在有外国人诟病我们中国人不太爱读书，你到日本去看，地铁里面大家坐着不说话，每个人拿着一本书在看。当然现在大家都看手机了，手机里面也有书。当然别人诟病我们，我们有很多的理由可以反驳。但是我们要养成读书的习惯，其实是不可以择时、择地，我们坐飞机、坐高铁，人家喧闹我们照样可以读书，心可以静下来了。不要等大块的时间才读书，一定要挤时间读书。鲁迅先生讲读书的时间是要靠挤的，如挤海绵中的水。

　　修身方面，曾氏讲立与达，发挥孔子的"己欲立而立人，己欲达而达人"。我们想要在社会上步步站得住，也要想到人家也要站得住，这就是由己立推到人立。我们想要行得通，人家也想行得通，都想通达于世。今天我们处在顺境的场合，我们要想到有可能人要遇到坎坷，有逆境的场合。今天我们盛气凌人，人家明天就会以盛气凌人来对待我，凌驾于我和我的子孙之上。所以我们还是要讲求恕道，以此来警示自己，对自己对别人要留有余地。顺境想到逆境，逆境想到顺境，不要盛气凌人。你盛气凌人，人家也会盛气凌于你或者你的子孙，所以我们要有宽恕之心，要留有余地。要有一种准备，人生总是会遇到一些低谷、坎坷、荆棘，要接受一些考验。

　　曾国藩的祖父给他们传了八个字——"考、宝、早、扫、书、蔬、鱼、猪"，强调在湘乡的乡下如何治家。曾国藩家书里面有八本之说："读书以训诂为本，作诗文以声调为本，事亲以得欢心为本，养生以戒恼怒为本，立身以不妄语为本，居家以不晏起为本，作官以不要钱为本，行军以不扰民为本。"读书以认字为先，先把一个一个字认清楚，讲求这个字怎么读、怎么写，有什么意思？这就是读书以训诂为本。做诗文以声调为本，讲平仄。侍奉亲人以欢心为本，要有爱心，让长辈高兴。养生最重要的是不要徒增烦恼，要有宽容之心。立身以不妄语为本，不要说谎，不要高谈阔论、不切实际。居家以不晚起为本，早起、勤劳。这些都是他的八本之说，还是立身行事的基本。他说，我的确把这八本做到了，他告诫他的弟弟、子侄要记住这八本，并让他们要教育子孙。他说，无论社会是治是乱，无论我家里将来是贫是富，我们守住祖宗的这八个字和我说的这八本，我们这个家总不会式微，总会在上等人家的状况，不会降为下等。

他还讲四条："一曰慎独则心安；二曰主敬则身强；三曰求仁则人悦；四曰习劳则神钦。"慎独是什么意思呢？是在"人不知己独之"，即熟人不在的场合，我更加要自律。没有熟人在场，我一个人也不能胡作非为。人要慎独，内心求得安宁。主敬，则身强。敬是严肃认真的态度。求仁、爱人，人家就会爱你。习劳，有勤劳的习惯，这样神灵都会倾慕你。慎独、主敬、求仁、习劳。他又说："读经有一耐字诀。一句不通，不看下句，今日不通，明日再读；今年不精，明年再读。此所谓耐也。""困时切莫间断，熬过此关，便可少进。再进再困，再熬再奋，自有亨通精进之日。不特习字，凡事皆有极困难之时，打得通的，便是好汉。"我们读书，一句不通就不看下一句，一定要把每一句搞通。今日不通明天我再读，今年不通明年再读。这就是要有耐心，耐得住寂寞。一字一句不搞通，不看下一句，天天把它温习，一定要有耐心。写字、写日记也是这样。他每天坚持用楷书写日记，每天读史十页，每天记茶余偶谈一则。还有戒烟，立誓戒抽水烟。一次记道，他至今已经有两个月不抽烟了。人要有恒心。他自立课程甚多。大家可以去了解，曾氏怎么样写日记，怎么样读史，等等。

他说："凡人之情，莫不好逸而恶劳，无论贵贱智愚老少，皆贪于逸而惮于劳，古今之所同也。"我们如何去克服人性的好逸恶劳，我们如何去勤奋读书？他强调，一家当中"勤""敬"两个字要守得住。还有"三乐：勤劳而且憩息，一乐也；至淡以消嫉妒之心，二乐也；读书声出金石，三乐也"。还有"八德：勤、俭、刚、明、忠、恕、谦、浑"。还有"一生的成败，皆关乎朋友之贤否，不可不慎也"，所以我们的交友也很重要。孔夫子很注意交友。我们跟什么人学什么人，我们看一个人，看他身边的朋友就知道他这个人。他又说，我的祖父教我们，以"懦弱无刚"四字为大耻，不要懦弱，男儿当自强，要有倔强之气。他还讲了很多关于如何修身齐家治国平天下的话，他引用谚语说："好汉打脱牙，和血吞。"

他说："诸弟在家教子侄，总须有勤、敬二字。"有这两字就不会败家。他说，我不希望代代富贵，但愿我们代代有读书人、有秀才。秀才是读书的种子、世家的招牌、礼义廉耻的旗帜。"读书总以背熟经书，常讲史鉴为要。……每日有常，自有进境，万不可厌常喜新，此书未完，勿换彼书耳。"读书要掘井及泉，一定要有所得，有自己的心得，读书有益于做人。古之成大事者，要有远大的规模，要有很好的学习习惯。还有修身的"十二款"：主敬、静坐、早起、读书不二、读史、谨言、养气、保身、日知其所亡、月无亡所能、写字、夜不出门。夜晚就好好地读书，不要旷功疲神，切戒切戒。夜晚不要外出鬼混，不要到娱乐场所去。

曾国藩一生勤劳，勤于反省自己，每天写日记反省自己，强调人生只是敬德、修业两事。他说："劳则善心生，佚则淫心生。"他用孟子的话"生于忧患，死于安乐"来勉励自己，不要过于安逸。然后就是勤于反省、勤于读书，变化人的气质。只有经过坚持读书，持之以恒，才能增长你的精气神、变化人的气质。真正能够改变你的性情、气质，能使人更高雅地生活的，还是读书。曾国藩还勤于写家信，经常写家信教育弟弟和子女。在他的言传身教之下，曾家人才辈出。他读书强调读经典，读经典比读一般的书好，强调沉浸其中。读书不是死记硬背，他对儿子说，读书虽然不是强记硬背，但是要从容地涵泳其中，今天读几篇、明天读几篇，久而久之自然会有益处。

　　曾纪泽不喜欢科举考试，不喜欢八股文，喜欢西方的语言学和社会学，曾国藩不懂，但为了教育这个儿子，自己也去学西方的语言学和社会学。为了儿子，自己去学习不懂的东西，扩大了自己的知识面。曾纪泽后来就写了《西学述略序说》和《几何原本·序》等。曾纪鸿爱数学，曾国藩就鼓励这个儿子去学好数学。这个儿子的媳妇郭筠喜欢读古书，他又引导这个儿媳妇读《十三经注疏》和《资治通鉴》，这个儿媳妇也是一个才女。他是因材施教，对子女的教育，自己不懂的东西要去学，因为子女有这个爱好。

　　他帮助弟弟提升境界，讲"尽其在我，听其在天"。他说："吾人只有进德、修业两事靠得住。……今日进一分德，便算积了一升谷；明日修一分业，又算余了一文钱；德业并增，则家私日起。"这也就是说，我们只有进德、修业两件事。进德就是孝悌仁义，修业就是诗文作字。我们要积德，我们今天积一分德，就算积了一升谷子。明天修一分业，就算积了一文钱。我们只有这样，自己努力去做，我们尽人事、听天命。很多事情不是自我能够主宰的，我们能够主宰的就是自己做好自己，进德修业。至于能不能当官、当多大的官，能不能赚钱、赚多少钱，这里有天意、机会、偶然性、客观环境等的因素。功名富贵是我们不能自主的，我们能够自主的是什么？就是进德修业。所以我们一定要尽自己的能力，努力地工作，努力地读书，努力地修养自己。至于客观形势怎么样，我会在这个社会上怎么样，那要看客观环境。今天受到一点挫折，你就有积怨，你的心智就受到一些损伤，你就会废学，那你就是忘了大事。

他劝诸弟不要发牢骚，要培养和气。他弟弟跟他抱怨，我读了这么多年的书，每一次科考都不中。他说："你不要怨天尤人，你不要不服气。虽然科考能不能中举，有很大的偶然性，但是你还要反省自己，你是不是尽了最大的努力。"要猛然自省，心平气和，不要一肚子怨气、暴戾之气，要培养和气，和气才能生财，和气才能养育人。你看现在网络上一些年轻人戾气很重，我们培养国民和子弟还是要有宽容的心态、健康的心理，不要有戾气，不要一天到晚在网络上发泄，戾气越来越重，这个就不健康了。曾氏告诫他的弟弟："扬善于公庭，规过于私室。"说的就是要把别人的好在公共场合表扬，批评别人的缺点则在私下里。他知道弟弟国华的脾性，他说："你评估别人、衡量别人，不要眼界过高。你手下有没有人带兵打仗，就看怎么样奖惩分明。但凡中等以上的人才靠鼓励、奖励可以成大器。你一味责备他、贬他，他慢慢就惰性出来了，慢慢就自暴自弃了。所以我们对部下要怎么样去提拔、鼓励他，扬善于公庭，规过于私室。"国华后来就跟曾国藩说："大哥，你这两句话，我记住了。"曾国藩教育他的弟弟如何带兵打仗，如何提拔下级，后来他弟弟提拔了很多将领。

曾国藩说，调理我们的心灵、身体，道理不要太多，知识也不可以太杂。今天大家学儒家，又学道家，又学佛教，又学诸子百家，其实真正对我们有所受用的并不多，不过就是一两句话，即：要守约，守住简约真正的道理。一个是敬畏的"敬"，有敬畏之心，有严肃认真做事的心。一个是恒心的"恒"。有人欠此二字，至今老而无成，悔恨的是这两个字没有贯彻始终。另外，骄、惰两个字是我们特别忌讳的，"勤"字治"惰"，"慎"字治"骄"。还有一个"诚"字也很重要，就是要以"勤、慎、诚"作为我们的立身之本，来克服骄气的"骄"、怠惰的"惰"。你看，就这么几个字，这就是曾国藩在家书中反复讲述的。

历朝历代的家书，包括曾国藩的家书，都强调教和养的关系。养不教，父之过；教不严，师之惰。家长有责任把教和养的关系统一起来，我们不仅要养，还一定要教。另外，一定要重视孝和仁的关系，孝顺之心的培养和这个人将来在社会上爱老百姓、爱人有一定的联系。另外，公德的正直和清廉也源于家庭教育、家风熏陶。你是一个堂堂正正的人，经过了严格的家庭训练，当然你就会正直、清廉。反之，家庭教育没有到位，家长的一些陋习给孩子很重的影响，这个孩子成长以后就会不正直、不清廉。诚实、守信、勤劳、俭朴、立志、向学、进取、勤勉、珍惜时间，这些都是《曾国藩家书》和历朝历代家书里特别强调的方面，这是今天汇报的第三个方面。

四、重建家风的现代意义

第四个方面，讲重建家风的现代意义。梁启超先生大家都很熟悉了，他是新会人。我们到新会去看他的故居，还可以看到梁家怎么培养他以及梁家的后代的。他是一个有名的政治家，也是一个有名的学者，他在政、学两界都很有地位。他在北洋政府做过财政总监，他是了不起的维新政治家。他流亡日本的时候，用迅速的笔触、敏锐的思想，通过日本把西方思想传到中国。他办了《新民丛报》等。他是百科全书式的人物，他一生对曾国藩推崇备至。他还从《曾文正公全集》里面编了一本《曾文正公嘉言钞》，记录了曾国藩两百多句有名的话。

他自己有两房夫人，生了五男四女九个孩子，夭亡的两个儿子不算。他很重视家书家教，对他的长女思顺非常疼爱，他曾经跟她写了几百封信，后来出版了。他长女是才女，很爱好中国古典诗词，也写了很多诗词。他的长子梁思成先生大家都很熟悉了，儿媳林徽因的故事大家都耳熟能详。梁思成是近代著名的建筑学家，可以说保护中国的古代建筑，他是最大的功臣。抗战的时候，梁思成流落到四川，做了很多整理中国古代建筑的工作。他是1948年的首届院士，后来1955年被选为我们的学部委员，也是院士。

梁任公只活了五十多岁，他培养的九个子女，个个成才。他还写了一千四百万字的文字，写了很多书，很勤勉。他的次子梁思永是著名的考古学家，是我国近代考古学的开创者，也是首届院士。他的孩子有搞建筑学的，有搞考古学的，有搞古代诗词的。梁思庄是图书馆学的专家。梁思礼是火箭系统专家，是导弹控制系统的创始人，也是1987年国际宇航科学院的院士。所以人们说他们梁家"一门三院士，九子皆才俊"。

梁家也是一个世家，梁启超的祖父就很重视对梁启超的培养。梁启超是个神童，十几岁就是秀才，后来中举人也很早。他的新式教育、旧式教育的基础都很好，他的子女培养得非常好，他也很下气力去培养子女。虽然有时候公事很忙，有时候流落在异邦，但是他很重视用家书来教育子女。

还有一个院士叫吴征镒，曾获2007年度国家最高科学技术奖，是一个植物学家。他是江苏扬州那一带的人。他的祖父是藏书家，有一个藏书楼。他的外祖父宝应刘家，堂号叫"五之堂"，"五之"就是来自《中庸》里面的"博学之、审问之、慎思之、明辨之、笃行之"。他妈妈就把"五之"的格言传给了自己的后代。他们又将之传给了他们的学生。孙中山先生给中山大学题的校训也是这"五之"。

宝应的刘氏是江淮的名门望族，是苏州迁过来的，到十二世孙的时候就建立了"五之堂"。他们最辉煌的时候是光绪十二年，宝应一地一榜中了三个进士，都是"五之堂"的子孙。吴征镒的外祖父刘启彤与詹天佑一样，是晚清被派到美国去留学的幼童。刘启彤中进士以后任兵部尚书，是外交家。吴征镒兄弟四人都学有成就，老大吴征铸是著名的剧作家、教育家和文学家。老二吴征鉴是我国著名研究寄生虫病的学者，当过医学科学院的副院长。老五吴征铠是著名的物理化学家，中国科学院院士。吴征镒先生是老六，他是植物学家，中国科学院院士。

我们前面讲到母亲的教育，我们为什么要重视女性、尊重母亲？我们常常说过去是男尊女卑的社会，其实也不对。传统社会，男主外，女主内。你们看《红楼梦》，贾府里面，贾政他们在外面做官，回到家里，贾母还是权威，一个老祖母就是这个家里的主心骨。中国古代社会是讲内外之分的，男主外，女主内，家属不干政，不去干扰外面的社会事务。男子回到家里听命于母亲，主持家政的是女性、母亲。中国人其实很重视女性的培养，儒家文化是靠一代一代的母亲传承下来的，因为母亲对子女的教育至关重要。伟大的母亲养育了中国人的子弟，一代一代培养。母亲的教诲，言传身教非常重要。培养女儿很重要，培养孙女、外孙女也很重要。培养一个男孩很好，大体是他个人能够为社会服务。而培养好一个女孩，就可能有一个稳定的家庭、和谐的家庭、温馨的家庭。所以在一定意义上，培养女孩子比培养男孩子更为重要。

美籍华裔神探李昌钰，大家知道吧？在美国是神探。他兄弟姊妹十三人，八女五男。他妈妈是南通如皋人，四十岁守寡。他爸爸因为"太平轮事件"去世。他们家迁到台湾时，他爸爸做鱼苗生意，到舟山买鱼苗，太平轮沉了。是妈妈培养他们兄弟姊妹十三人。刚到台湾时，他们家很苦很穷，但十三个子女都得到博士学位，都成才了，都在美国成长起来。其中三人获得美国十大杰出青年奖。克林顿总统、布什总统都曾在美国的母亲节表彰李昌钰的母亲王淑贞是伟大的母亲。王淑贞教育子女，话很平凡，话也不多，那就是："待人要好，做事要专心，少说话，多做事。"一位平凡而伟大的母亲话虽不多，但身教胜于言教。这十五个字很平淡，但也是我们重建家教、家风的根本。我们知道这里面的精粹不在于它的语言，而在于真正能够打动我们的心灵，成为子女一辈子立身行事的根本。

　　我妈妈一辈子对我们说得最多的话就是"将心比心"，总是要我们"将心比心"。我们有兄弟姐妹七个，最记得老母亲的话就是"将心比心"。艰难的岁月，家里的经济情况很不好，油灯之下一觉醒来，总是看到妈妈在缝缝补补。我们衣服都是妈妈改的，缝缝补补，老大穿了老二穿，老二穿了老三穿。所以伟大的母亲的培养，她在一个家庭里面起的凝聚作用，特别是家教、家风的核心枢纽的作用，非常重要。

　　李昌钰母亲说的话非常平实，她不是名门之后，只是千千万万普通而伟大的母亲中的一个。今天，我们做母亲的人，需要在孩子身上多花点时间、精力，言传身教。我们所受到的家教，爸爸、妈妈、兄长的教育很重要。我家里有五男二女，我们兄弟姐妹七个也是在非常困难的情况之下成长的。我妈妈生了九个，活了七个，我们都非常团结，家里非常和谐。哥哥们很早就出来，我三哥十七岁就工作了，他是读的中师，十七岁就教书了。我几个哥哥出来就接济家庭，经常给我们写家信。

我当知青、工人的时候兄弟姐妹都离开了家，父母亲、哥哥们就写信来教育我们，所以我们感受到的家风、家教，使我们成为一个正当的人，有益于社会的人。我们不以这个家庭出了多少院士来评价这个家庭。当然我们家里有两个中学校长，有两个大学的教授、博导，有一个正厅级干部，一个正处级干部，也算不错了。但是我们不是以这样一些东西来评价一个家庭的，我们看重的是这个家庭的家风家教一代一代传承，培养我们的子弟堂堂正正做人，做一个有益于社会的人。

中国人很重视家，家是我们的港湾，家是社会和个人之间的连接器，家非常重要。它是个人走向社会的预备学校。家庭是我们终生的学校，母亲是我们的第一个老师。我们终身学习的老师是父亲、母亲，我们的第一个学校、终生永远的学校是我们的家庭。所以家庭、家教不仅对个人道德的建树有最重要的关系，而且也是社会公德的基础。

我前面讲到蔡元培先生给中学生写修身教材，给到法国去打工的华工写夜校的讲义，都是从五常、四维、八德讲起。一个人如果对自己的父母都不爱，他能爱社会上的陌生人吗？当然我们今天讲的孝，有所改变了。新加坡社会对一个楼盘买两套房子的人，政府给予更多的补贴。做子女的和父母住得很近，做子女的端一碗汤过去，汤还是热的，此即日本社会学家讲的"一碗汤距离"。这样两代人既有分又有合。现代人都讲独立性，几代人住在一起，容易产生一些矛盾，有代沟。社会学家研究表明，"一碗汤距离"的家庭，既有利于赡养父母，给父母一些安慰、精神的联系、生活的照顾，另外也有利于子女家庭的独立性，毕竟现在是以核心家庭为主了。

因此，家文化在今天的现代社会也要发生变化，我们不是一味盲从于父母，父母也不是一味强制地教育，而是彼此尊重。老一辈对孩子、孙子、孙女也要尊重，所以今天教育的问题来自哪里？今天中国教育出现的一些问题，还在于家教的缺失。别人骂人最狠的一句话是"有娘养没娘教"。中小学基础教育的缺失，应试教育战胜了一切，考试第一。这样考、那样考，做这个卷子、那个卷子。我们小时候没有做那么多卷子，也不是靠考卷子考出来的。基础教育中的德行教育不足，知识教育偏盛，还有社会教养的缺失。我们要讲教养。另外，现在性情教育做得不好。人的教育、儒家的教育、诗书礼乐的教育、家训的教育，重要的是性情教育。曾国藩注重对子弟培养和气，和气就是容纳性、宽容性，不要有极端性、斗争性、怨气、抱怨、戾气、排他性，而要有宽容之心。要少一些暴戾之气，多一些教养。因此过去的家教、社会教育强调养成的教育。民国的一些教育大师都是这样的。师生进校门就整齐自己的衣冠，站要有站相，坐要有坐相，就是从礼的点点滴滴开始的。我们要培养温良恭俭让的国民，懂规矩的国民，但又是要有创造性的国民。所以我们的经典教育、国学教育不是把你变成唯唯诺诺、没有创造性的人，不是这样的人，恰好是要有创造性、有社会公德心的人。

今天的教育除了教养教育，还要强调公民教育。什么叫教养教育？儒家教育是广博的文化修养教育，以诗书礼乐培养我们的审美情趣，又是德行教育，追求人生的意义、培养崇高的道德情操的教育。性情的教育是管总的。公民教育，就是培养奉公守法的公民，同时要使其体验美好事物，知善恶、有正义感、文雅、负责任。好社会要有好人，更要有好公民。我们要有公民道德、公民意识，维护公共财产，懂得尊重他人，不侵犯、侵害他人，这是现代公民意识的教育，非常重要。我们要把公民教育和教养教育结合起来。特别是家教，我刚才讲到《颜氏家训》、朱熹的《家训》、朱柏庐的《治家格言》、

《曾国藩家书》里面都有很多看似只是培养私德，同时也可以转化为公德的品行教育，而且是言传身教的。

家长、老师一定要以身作则，兼顾言传与身教，培养孩子提高分辨是非善恶的能力。在性情教育上多和孩子交流，关心孩子的生理健康和心理健康。我在大学里面教书三十多年，越到晚年越困惑，现在的孩子怎么了？我刚开始从教的时候，没有那么多孩子有心理疾病，但是现在的孩子有心理疾病的状况较多了。我们很痛心，一个家庭出现一个有问题的孩子，这个家庭就有很大的负累、很重的担子。一个班有一个这样的孩子，学校、院系也有很大的责任。所以关注孩子们的心理健康，从小开始培养他们的情趣、情感，培养他们和人交流的本领，培养他们待人接物，培养他们尊重、关爱别人，做正确的引导，这个是家教里面重要的环节。

今天讲到历代的家训、家风、家教，讲到了教和养的关系，讲到了公德和私德的关系。一个正直清廉的好官，可能就来自俭朴、勤劳、多励志教育的家庭。今天还要强调亲子互动的重要性，父母和孩子一起成长，一起游玩，一起修玩具，一起听孩子们讲故事，一起吃饭。不要把孩子都丢给老一代，隔代培养不好。当然我们做祖父母、做外祖父母的有责任，但是父母和孩子在一起最重要。孩子成长期最重要的是三岁、九岁、十三岁，这是几个关键点。自己孩子的习惯怎么样，养成怎么样的学习习惯，不能依赖于别人，家长不能包办代替。过去说三十而立，现在有人说是三岁而立。

另外，夫妻关系影响孩子的性格，今天心理疾病的增多和家庭内夫妻不和谐有很大的关系。影响孩子的不仅仅是学校，最重要的还是家庭，家庭出了问题，孩子就很苦，而且这个孩子可能成为"问题"孩子。我们要有正确的文化价值观，家长不光要有知识，光有知识不够，还要学习一点国学经典，要有智慧，有文化，有童心，有情趣，懂得善待他人，做人厚道，不嘲笑弱者，不贪图小便宜。这些都会潜移默化到我们的子女身上，甚至孙子、孙女的身上。我们要承担教育孩子的责任，同时我们自己要有独立的生活，我们不要越俎代庖，不要孩子一哭闹就溺爱。家教最重要的是培养我们子女的独立的人格、精神，培养做人、读书的种子。从幼儿园开始，就让孩子学会和小伙伴愉快地交流，和小伙伴和睦相处。所以我们要跟孩子讲道理，讲道理的知识很重要，姿态很重要。要怎么样教育孩子？当然要严，但又不能以杀鸡给猴看的心态来对待孩子。

总之，今天的教育学、儿童心理学非常发达，今天西方的教育有非常成熟的经验，我们中国的教育也有成熟的经验。我今天讲的只是家训、家教中可以创造性转化、创新性发展，有益于今天孩子教育的内容。当然家训、家教中不可避免有时代的沉淀，有局限性，有负面的东西，这可以扬弃、淘汰。但是家训、家教的主流是要培养一个健康的孩子、健全的孩子。为了我们民族和祖国的未来，为了我们全世界人类的功业，我们要好好地维护家庭，做好家里的传统教育，做好家风家教的建树。

第十四章　从『五伦』到『六伦』

唐代诗人王勃的名句"海内存知己，天涯若比邻"，脍炙人口，诸君耳熟能详。人类今天进入了信息、网络时代，新的交通工具与交往方式，使人与人的时空阻隔变得不那么重要了。但今天有了另外的问题，例如，上句古诗可以倒过来读："比邻若天涯。"这反映了当代人际疏离的现象。在高层住宅里，住在对面、隔壁单元房的人，楼上楼下的人，彼此不相识。有的小夫妻近在咫尺，却各在自己的房间埋首操作电脑、手机，面对面的亲密交流、沟通中间，徒增了电子媒介。至于父母与子女之间，同事与朋友之间，个人与社会、国家之间，陌生人之间，人与生态环境之间的关系都有了新的面相与新的问题。本文拟从古代"五伦"谈起，试谈今天的"新六伦"秩序的建构，聊备一说，就教于各位读者。

一、"五伦"与"五常"

"伦理"一词最初见于《礼记·乐记》："乐者，通伦理者也。"郑玄注："伦，犹类也。理，分也。"这里的"伦理"指类别、条理。那么，人类的社会生活条理，即人伦之理是什么呢？

最早明确指出人伦之理的是孟子。孟子说："后稷教民稼穑，树艺五谷；五谷熟而民人育。人之有（为）道也，饱食、暖衣、逸居而无教，则近于禽兽。圣人有（又）忧之，使契为司徒，教以人伦：父子有亲，君臣有义，夫妇有别，长幼有序，朋友有信。"（《孟子·滕文公上》）这就是俗称"五伦"的由来。上句话中，"契"音薛，相传为殷代的祖先。孟子的意思是，传说中的人文始祖，从教民稼穑开始，重视物质财富的生产，进而教化百姓，使人民懂得遵守基本的社会生活的规范。孟子的意思很明确，人与禽兽的区别在哪里？与动物不同，人类社群有人与人的基本关系、秩序及背后的道德价值。在道德价值背后还有人对终极性的天、天道、天命的信仰。

《中庸》里讲的"五达道"，即修养自己的五条最通达的道路："天下之达道五……曰君臣也，父子也，夫妇也，昆弟也，朋友之交也。五者天下之达道也。"也就是说，人们正是在最基本的五伦关系中修身成德的。修身成德离不开家国天下，尤其是基本的亲属关系与社会关系。

《礼记·礼运》讲"十义"："父慈、子孝、兄良、弟弟、夫义、妇听、长惠、幼顺、君仁、臣忠，十者谓之人义。……故圣人之所以治人七情，修十义，讲信修睦，尚辞让，去争夺，舍礼何以治之？"

这里讲礼治的功能与内核，以及礼对于治理人心与天下的重要性。此外，儒家还提倡兄友、弟恭，夫义、妇顺，君惠、臣忠。这就指出了"父子、兄弟、夫妇、长幼、君臣相互之间的道德准则"[1]。

汉代以后，"五伦"关系主要沿袭《孟子》《中庸》的说法（君臣、父子、夫妇、兄弟、朋友），这些伦常关系背后的道德价值，父子之间的是慈、孝、仁，君臣之间的是仁、惠、忠、义，兄弟之间的是良、悌、友、恭，夫妇之间的是义、顺，朋友之间的是信、义等。

"五常"指五种基本的道德价值原则"仁、义、礼、智、信"。孔子以前的思想家及孔子本人已分别

---

1 张岱年著：《中国古典哲学概念范畴要论》，中国社会科学出版社 1989 年版，第 179 页。

提出了这些道德原则。[1]子思、孟子明确指出"仁、义、礼、智"四德。西汉贾谊、董仲舒正式提出仁、义、礼、智、信等"五常"之道，将这五种基本道德原则视为人的"常行之德"。东汉班固等撰《白虎通义》和王充撰《论衡》，都指出仁、义、礼、智、信是"五性""五常"，重申它们为五常之道和常行之道。"五常"是中华民族最普遍、最重要的道德规范，是中华民族独特的精神标识。另外还有"四维八德"，即孝、悌、忠、信、礼、义、廉、耻等，也是重要的德目。

人伦关系及其道理的"五伦"与内在道德的"五常""八德"是有密切联系的，当然也有区别。所谓联系是指，"五伦"指人的社会存在、社会关

1　详见《左传》《国语》《论语》等经典。据《国语·楚语》，春秋时期即使在楚国，也有传习六经的传统。从楚庄王（？—前591年）时期的大夫申叔时回答庄王如何教育太子的资料中，不难知道楚国君臣也重视诗礼之教，强调仁德、孝顺、忠诚、信义等价值的指引。

系，其中包括社会关系、社会角色的道德价值，而"五常""八德"指人在社会关系中、社会生活中的道德原则。"五常""八德"贯彻在、实现在"五伦"之中，或者说，透过"五伦"关系的实践，人们可以培养"五常""八德"。两者之间的区别是：首先，"五伦"的关系是相对的、外在的、实然的、现实的状况，人的伦理角色之间还有交叉（如一个特定的人可以同时是人臣、人父、人子），"五常""八德"则是天赋的、普遍的、超越而内在的、人的应然的、理想的状况。其次，"五伦"关系是他在的、被规定的，"五常""八德"却是自我命令的、自律的。再次，"五伦"重在强调伦理关系的和谐，"五常""八德"强调的却是其中的理念。

自孔子肯定"君君、臣臣、父父、子子"（《论语·颜渊》）以来，儒家学者一再阐明君臣、父子间的关系都是对等的关系，君臣、父子、夫妇、兄弟、朋友间都是相对相关的。在公共事务中，"君不君，则臣就不臣"；在私领域中，"父不父，则子就不子"。其中之"不"字，"包含'应不'与'是不'两层意思。假如，君不尽君道，则臣自然就会（是）不尽臣道，也应该不尽臣道（闻诛一夫纣矣，未闻弑君也）。父子、夫妻关系也是如此"。[1]

传统五伦除君臣一伦外基本都是私领域。当然这个问题很复杂，必须具体历史地加以考察。早期的家国同构，使君臣关系有时也处在公私之间。但总体上，儒家关于公私领域是有区别的："门内之制恩掩义，门外之制义斩恩"（《礼记·丧服四制》，郭店楚简中也有此句，只是"斩"字为"断"）。门外以义为重，门内以恩为重。从人伦基础来看，父子关系重于君臣关系。处理父子、君臣关系以及两者发生矛盾、冲突时，儒家强调的是具体理性。

在郭店楚简中，"六位"是非常重要的，也就是

1　贺麟著：《文化与人生》，商务印书馆 1988 年版，第 58 页。

说，人首先是处于一定角色和关系中的，如此又各有其职其位，相应各有其德，需要按照既定的品质规范而行。关于个人在家庭和社会生活中的角色问题，楚简《六德》篇指出以下三个方面：第一，以夫、妇、父、子、君、臣为"六位"；与之相应，此六位各有其职，分别对应于率人者、从人者、教人者、学者、使人者和事人者，称为"六职"；此六职又各有相应之德，分别对应于圣、智、仁、义、忠、信，称为"六德"。第二，"六位"之间有内外之别，父、子、夫为内；君、臣、妇为外。第三，"夫妇别，父子亲，君臣义"，"夫夫、妇妇、父父、子子、君君、臣臣"极为重要。另外，值得注意的是，在《六德》篇中，"为父绝君，不为君绝父"反映了早期儒家学说中最本质、最基础的伦理内容。¹

---

1 《六德》篇详见荆门市博物馆：《郭店楚墓竹简》，文物出版社 1998 年版。又请参见徐少华：《郭店楚简〈六德〉篇思想源流探析》，载《郭店楚简国际学术研讨会论文集》，湖北人民出版社 2000 年版，第 375—382 页。

儒家认为，对于父母兄长的孝悌和仁爱是发自本心，内在于人性之中的，是人的真情实感。相对而言，"忠"和"信"的普遍性意味更为强烈。

战国时，"五伦"的人伦秩序处于逐步形成的过程之中，这是当时社会整合的需求。汉代文治政府的建立，出于社会治理及"内裕民生、外服四夷"的文治武功的需要，从西汉武帝时董仲舒等开始，朝廷全面倡导"五伦"秩序，有助于公序良俗的建构，对社会稳定起了重大的作用。到东汉章帝时，班固等编撰《白虎通义》，三纲六纪即成为大经大法。这对于形成中国，凝聚中华民族与中国社会，以及使中国人文明化，其中的正面价值大大地高于负面价值。由于问题复杂，兹不赘述。

二、"五伦"面临的挑战及其现代转化

贺麟先生 1940 年发表的《五伦观念的新检讨》一文很深刻，至今还有意义。他说："五伦的观念是

几千年来支配了我们中国人的道德生活的最有力量的传统观念之一。它是我们礼教的核心，它是维系中华民族的群体的纲纪。我们要从检讨这旧的传统观念里，去发现最新的近代精神。从旧的里面去发现新的，这就叫做推陈出新。必定要旧中之新，有历史有渊源的新，才是真正的新。那种表面上五花八门，欺世骇俗，竞奇斗异的新，只是一时的时髦，并不是真正的新。"[1]

我们谈谈五伦面临的挑战及其现代的转化问题。

父子一伦，特指父母子女之伦常关系，这在今天仍是社会生活的基础。过去人们常说父子是"天伦"，意即任何人都无法选择父母，父母有责任与义务养育子女，子女有责任与义务赡养父母。父母慈爱，子女孝敬，是天经地义的。孝道反映的不仅是自然生命的延续，而且是文化生命的延续，不仅

[1] 贺麟著：《文化与人生》，商务印书馆 1988 年版，第 51 页。

是社会伦理的秩序，而且是内在的道德价值。俗语有曰："国之良民即家之孝子""忠臣必出于孝子之门"。这些话都有一定的意义。家庭是人生最初的学校，亲情是每个人最终的精神港湾。仁爱子女、孝顺父母是生命与生活的切实体验。有了这一体验，慢慢由内而外，由己而人而物，这就是孟子所说的："老吾老以及人之老，幼吾幼以及人之幼"（《孟子·梁惠王上》）；"亲亲而仁民，仁民而爱物"（《孟子·尽心上》）。这是仁爱之心推广、扩充的过程。当前，父母子女的伦常关系面临极大的挑战，包括房产等在内的经济利益的纠纷裂解亲情，老人生老病死的经济负担过重，高龄化社会使超高龄老人的赡养成为大的难题。农村留守老人应得到关爱。在社会养老机制、法律保障的前提下，政府与社会应多渠道、多途径解决老百姓，特别是老人的"养生丧死而无憾"的问题。我们还是要提倡以子女为主，子女、社会与政府共同赡养老人的方式，政府与社会要平抑老人重病、临终与丧葬的高费用，解决"病不起""死不起"的问题，使收费合理化。全社会都应鼓励、支持、提倡"孝养父母"，并为之提供一定的条件。

夫妇伦理。在大家庭解体，核心家庭普遍化的时代，夫妻一伦尤为重要。有人说，夫妻是朋友。诚然如此，父子也可以是朋友，但夫妻、父子的角色定位及相互关系有特别的内涵，不是朋友一伦可以代替的。在男性中心主义逐渐被扬弃的时代，妇女在家庭、社会做出的贡献及相应的地位与传统社会已不可同日而语。夫妻之间的相互理解、尊重、敬爱与忠诚，仍是最重要的，这是夫妻关系稳定的前提。"二奶"现象对夫妻伦常之道有极大的破坏。离婚率过高，影响社会稳定，不利于孩子的身心健康。留守妇女问题，离土到城市打工的农民工夫妇的夫妻生活及其家庭的整全性问题，应得到政府、社会的高度关注。全社会都应积极维护夫妇伦理，维护家庭的和谐稳定。

兄弟一伦，指兄弟姊妹的伦常关系。兄弟姊妹在家庭中的相处，可以从中学习、体验到人与人相处的很多道理，学会体谅、尊重、关爱与谦让。

朋友一伦。先儒有丰富的交友之道，与什么人交朋友，不与什么人交朋友，怎么交朋友，经典、蒙学读物与民间谚语、格言中都有申说。孔子的弟子有子说："信近于义，言可复也。"（《论语·学而》）朋友之间要讲求信用，但必须是合于道义的事才能守诺、实行。

君臣一伦已经消解，但现代社会仍有上下级关系。君臣关系可以改造为同事关系中的上下级关系，同事关系变得十分重要。现在应建立新的一伦，即同事之伦。善处这一伦有助于职业伦理及乡村、社区、机关、企业、学校、军营伦理文化的建设。我们可以创造性地转化"五伦"，促进形成现代新型的伦常关系，尤其是健康的同事关系，以敬业乐群、忠诚度，以及上下级的礼法秩序为准则。这里应体现现代的管理秩序，而在传统道德上则可以借取规范性的"礼"与道德判断的"智"等两个德目。

此外还有师生一伦。《礼记·檀弓》篇明确指出了师生与君臣、父子伦常关系的差别。我们不妨把师生伦理纳入到朋友伦理之中，把朋友一伦细化。

三、新时代"六伦"秩序的新建构

《大学》云："为人君，止于仁；为人臣，止于敬；为人子，止于孝；为人父，止于慈；与国人交，止于信。"这里再次阐明了君德为仁，臣德为敬，子德为孝，父德为慈。而国人，即古代城邦中的人，其交往之德为信。张岱年先生说："这里强调了'国人'的相互关系，国人的范围又大于朋友，这是《大学》的新观点。"[1]国人比朋友的范围大，其中有

---

1 张岱年著：《中国古典哲学概念范畴要论》，中国社会科学出版社 1989 年版，第 179 页。

大量陌生人。

哲学家张申府、张岱年兄弟的父亲张濂是清朝最后一科进士，辛亥革命后为众议院议员。他晚年曾认为，应在五伦之外，立一种陌生人之间的伦理，即第六伦。

公民社会的交往伦理当然要突破古代的交往伦理。我国台湾地区经济起飞之父李国鼎先生等在1981年提倡建立第六伦："群己"一伦。李国鼎在《经济发展与伦理建设》一文中指出："台湾地区经济的快速发展，使群己关系受到私德败坏的影响，致形成经济进步、道德落后的现象，亟需建立五伦之外的'第六伦'——群己关系的社会公德。第六伦的作用，在维护社会的稳固、调和与成长，使其成为国民人格不可分离的部分，进而促进生活素质与社会的健全发展。"[1]"第六伦"就是个人与社会大

1　李国鼎、郭为藩、吴忠吉著：《富裕的伦理》，台北"行政院文化建设委员会"1991年版，第6页。

众的关系。李先生等认为"五伦"都是私德,"第六伦"才是公德。他把私德与公德绝对地对立起来了。实际上,私德是基础,私德可以推为公德。中国文化、儒家传统中有丰厚的公德的资源。李先生等基本上还是西化的观点,对"五伦""爱有差等"的理解是不全面的,对传统伦理、道德与现代化的关系亦缺乏全面、辩证的看法。

韦政通先生引述、评论了李国鼎、孙震先生等关于"第六伦"的讨论,他指出:"'伦理'不只是关系,还应该包括使这种关系合理化的'理'。""近代思想中有一个现成名词可用,那就是'群己权限','群己'指关系,'权限'就是使这种关系合理化的理,这是1903年严复翻译穆勒《论自由》的中文书名(《群己权界论》)。""一个社会既工业化、现代化,在家族亲友之间又保持适度的感情,是可能的;一个社会既讲求法律、制度、契约,又讲求人伦、亲情,不但可能,而且必要,只是各有其有效范围，不得任意扩张。"[1] 韦先生又指出："广义的伦理可以包含法律，法律却不能取代伦理，伦理除法律与守法的问题之外，还大有事在，人间的关系除权利义务关系之外，还有许多复杂的关系，其中有些关系不是靠法律能处理的。"[2] 较之李先生等，韦先生的看法显然学理性强一些。但韦先生也有把公私德对立的倾向，且把"五伦"作为特殊主义，把"第六伦"作为一般主义，也是有问题的。其实，"五伦"的基本精神在当代也是可以转化为普遍之道的。

李国鼎、孙震先生的贡献是提出了第六伦——群己一伦，缺憾是未指出此伦之"理"，且对传统文化的看法有很多偏颇。我们认为，群己一伦，公共道德在现代社会十分重要，建设这一伦常秩序，可以应对个人与社会、国家、人群之间或陌生人之

1　韦政通著：《伦理思想的突破》，中国人民大学出版社 2005 年版，第 187、190 页。
2　韦政通著：《伦理思想的突破》，中国人民大学出版社 2005 年版，第 191 页。

间的交往，乃至调整人类与天地、山河、动植物类
的关系，处理好自我与他者的关系问题。这一伦
的"理"不仅是"群己权界"，而且更应是"忠恕之
道"。

儒家有丰富的群己关系的智慧，有"成己"与
"成人"、"立己"与"立人"、"己达"与"人达"之
论。在"己"与"人"的关系上，孔子主张"己欲
立而立人，己欲达而达人"（《论语·雍也》），"己所
不欲，勿施于人"（《论语·颜渊》）。这就是忠恕之
道。成就自己是在成就别人的共生关系中实现的。
成就自己，同时必须尊重别人，不尊重别人，也不
能成就自己。儒家的"为己""成己""反求诸己"之
学，肯定"人人有贵于己者"（《孟子·告子上》），
肯定主体的内在价值，肯定自我，并在道德实践和
政治诉求上，表现了"舍我其谁"的担当意识。自
我的完善与实现，脱离不了家国天下的完善与实
现。孔子主张"修己以安人""修己以安百姓"（《论

语·宪问》)。《大学》主张，"壹是皆以修身为本"，以"修身"为中轴，把"正心""诚意""格物""致知"与"齐家""治国""平天下"联系在一起。这也是所谓"内圣"与"外王"的统一。这种思想传统亦说明了中国人在交往理性上并不会发生困难。中国古代哲学有关群体和谐的话语，路人皆知，兹不赘述。在人与终极的天，人与自然、他物，人与社会、他人，人与内在自我的关系问题上，在人之世代生存的时空问题上，中国文化与哲学有丰富的资源。[1]

在个人与社会、国家、人群的交往上，我们提倡"忠"，即"己欲立而立人，己欲达而达人"，尽己之心，讲求奉献；在个人与陌生人、与他者的交往上，在不同国家、民族、宗教、文化的对话及人与自然的关系问题上，我们提倡"恕"，即"己所不

---

[1]　详见郭齐勇：《论中国古代哲人的生存论智慧》，《学术月刊》2003 年 9 月第 9 期。

欲，勿施于人"，推己之心，将心比心，宽容厚道。这就是"群己"这一新伦之"理"。

综上所述，过去讲五伦，君臣、父子、夫妇、兄弟、朋友。现在，君臣这一伦可以发展为上下级关系一伦。从朋友一伦，以及《大学》中的"与国人交，言而有信"，可以发展为同事关系一伦，或群己关系一伦。五伦关系可改造转化为新的礼治秩序，进而发展文明间、宗教间、民族间、国家间的交往伦理，乃至生态伦理。所以，应增加同事一伦，还应增加群己一伦，以应对个人与社会、国家、人群之间或陌生人之间的交往，乃至调整人类与天地、山河、动植物类的关系，处理好自我与他者的关系问题。新"六伦"似应为：父（母）子（女）有仁亲、夫妻有爱敬、兄弟（姊妹）有情义、朋友有诚信、同事有礼智、群己有忠恕。

第十五章　大哲学史的编纂

我个人关于现当代新儒学个案与思潮研究的代表作是：《熊十力哲学研究》《现当代新儒学思潮研究》。我关于儒学研究的著作还有《中国儒学之精神》《儒学与现代化的新探讨》等。我关于中国文化与哲学史研究的著作还有《中国文化精神的特质》《中国人的智慧》《中国哲学智慧的探索》《中华人文精神的重建》《中国思想的创造性转化》《中国哲学史十讲》等。我编著的，先由高等教育出版社出版，现由商务印书馆出版的《中国哲学史》，印量颇丰，是比较受欢迎的教材，篇幅不大，适合教学。这是我的小哲学史。

我的所谓大哲学史是研究型的、多人合作的、多卷本的《中国哲学通史》。我主编的大型学术版十卷本《中国哲学通史》2021—2022年由江苏人民出版社陆续出版。这套丛书从立意到研讨、写作，从完稿、打磨到反复校改，直至正式出版，经历了十五个春秋。这是以武大中哲史学科及其校友为主的作者团队众志成城的硕果，同时又是各卷作者个体智慧的结晶。本《通史》的先秦卷由我主撰，这是我数十年有关先秦哲学研究的结晶，也是我的收官之作。我个人抓了两头，一是先秦哲学，一是现代哲学中的新儒学。

一、因缘际会

随着中国的崛起，究竟以什么样的精神文明来支撑正在崛起的中国？面对现代化及其"工具理性"过度膨胀所带来的"意义危机"，如何来推进中国特色的社会主义文化与核心价值体系的完善？如何来

建设中国社会的价值理性与道德生活？如何来安顿
当代中国人的心灵世界与精神生活？毫无疑问，传
统文化与哲学是其中不可或缺的成分。中华民族及
其文化在数千年里形成了自己的精神传统、价值理
念、思考与行为方式、伦理生活秩序，这就是中华
民族独有的哲学思考。这些哲学智慧和精神传统不
仅凝结了无数代哲人的心血与智慧，而且还凝结了
我们民族数千年来的经验和情感，从来就是我们民
族的珍宝。中华民族及其文化之所以可大可久、历
久弥新正有赖于此。

如何着眼于新的形势、立足新的实践对我们民
族源远流长、博大精深的哲学智慧进行系统的整
理？如何深度地建构、阐发我们民族的几千年来的
较完备的哲学思维的发展史？如何体现中国哲学智
慧的特色及其与欧洲、印度等哲学智慧的不同，进
而让中国哲学走上世界？此即大型学术版十卷本
《中国哲学通史》为之努力的方向与目标。

这套大型学术版十卷本《中国哲学通史》写作所贯穿的一个主体意识是：依据中国哲学发生发展过程中各个时期的社会历史状况，在丰富的文献材料的基础上，以深入的理解与严谨的分析来揭示与彰明中国哲学自身的问题、精神、方法、范畴、特点、风格以及内在的运行逻辑，同时，在中西传统互动与交融的当今之世，以开放的思想心态自觉地吸收西方哲学、宗教学、社会学等，作为诠释和建构中国哲学史的新的方法与资源，借鉴与融会海内外学者新的研究成果，真正做到既立足于国际学术界的整体脉络又不失我们研究的内在性和主体性，以扎实的学术功夫切实提升中国哲学史研究的质量与水平。

这一想法起于 2006 年，提议者是江苏人民出版社的府建明编审，他当时任总编助理。我与府建明编审于 2007 年 3 月通过电子邮件反复磋商，又物色作者，与各作者讨论，初步形成共识：本着志愿的原则，以武汉大学中哲史教研室教师及由此毕业多年的校友同仁，作为基本的作者队伍；所著书的定位，乃为大型、系列、学术版，而不是一般教材和普及读物。

府建明先生之所以选择我们这个团队，是因为我们继承光大了萧萐父、李德永、唐明邦先生的传统，把中国哲学史建设成为国家级重点学科，两代人有多种有影响力的中哲史教材及研究专著问世，且内部比较团结。当然，本丛书作者团队中也吸纳了学缘非武大的先生们，那是因为术业有专攻，配合全书的需要，以及过去有合作的经历。

2007 年、2008 年，我们两次在武汉大学召开编写工作会议。作者们充分讨论，各抒己见，详细研究编写的主旨、方法、纲目及分工等问题。我们当时确定了一个原则：在全书大体一致的基础上，鼓励各卷作者发挥特有的智慧和学术优势，保持观点和评价的个性，以体现各卷的相对独立性。各卷作者自己去把握全卷，各章详略可以不均，有独见的可以多阐发。

嗣后，作者们分头搜集资料，董理研究前史，读了大量的书籍，以第一手资料为主要研究对象，认真阅读、理解、写作。由于诸位作者承担的教学、科研与人才培养的任务很重，撰写本套丛书的工作常被打断，但同仁们仍勤奋严谨又持续地努力研究、写作，到 2018 年前后终于完稿。时光荏苒，一晃十多年过去了。拖得这么久，这是我们始料未及的。2018 年以后至今，以编校、印制工作为主，每卷都反复校对，至少有四个校次。

现在的规模有十卷，前八卷为断代哲学史，后两卷分别为少数民族哲学卷与古代科学哲学卷。设置这两卷很有必要，因为这两方面都很重要，而一般中哲史很难详细论述到。

总策划、江苏人民出版社前总编府建明编审及他领导的编辑团队为本丛书的出版付出很大，贡献尤多。十多年来，以武大和从武大毕业的学者为主的作者团队，潜心耕耘，反复研讨，相互补充，集思广益，逐渐凝聚了这一学术成果。

作者团队充分吸收百多年来特别是近 60 年来发现的新资料和研究的新成果、新方法，力图写出中国哲学的特点，不仅使其成为有深度的、高水平的精专之作，而且要使其能成为反映当前国内外一定学术水平的有关中国哲学通史性的著作。本丛书以时序为经，以人物或学派为纬，自中国哲学的发生开始，迄于 1949 年，按先秦、秦汉、魏晋南北朝、隋唐、宋元、明代、清代、现代等分卷写出，并重视少数民族哲学史与古代科学哲学史，单独立卷。

各卷及其主要作者：先秦卷，郭齐勇著；秦汉卷，丁四新、龚建平著；魏晋南北朝卷，麻天祥、秦平、乐胜奎著；隋唐卷，龚隽、李大华、夏志前著；宋元卷，田文军、文碧芳著；明代卷，丁为祥著；清代卷，吴根友著；现代卷，胡治洪著；少数民族哲学卷，萧洪恩著；古代科学哲学卷，吾淳著。

二、各卷简述

1. 先秦卷

先秦哲学是中国哲学最重要的源头。先秦时期是中华人文价值理性的奠基期，中国哲学的创立期。本卷讨论以下问题、学派、思想家或著作：殷商时期的宗教与政治，西周的天命论与礼乐文明，春秋时期的哲学思想，孔子、老子、墨子、孙子、子思、孟子、庄子，名辩思潮与惠子、公孙龙子，后期墨家，《易经》与《易传》，管子与稷下学宫诸家，《礼记》、郭店与上博楚简及荀子代表的战国时期儒家，法家传统与商鞅、韩非子的哲学，战国阴阳家等，并由此讨论中国哲学的突破，先秦哲学的问题、发展、特色。先秦诸子的本体论、宇宙生成论、道德形上学、社会政治哲学、人生论、知识论与逻辑学都非常发达，本卷努力揭示其特色与精神价值，展示中国哲学的活力与魅力。

孔子与儒家继承三代大传统的天、帝、上帝、天命、天道的终极信仰，以礼乐文明为背景，以"天人性命"问题为枢纽，创立了"仁"学系统。与之并行的是老子与道家。道家继承上古与春秋思想家有关"天"的叩问以及弥沦无涯的"气"的传统与相对相关的"阴阳"观念，形成连续性、整体性的宇宙观及宇宙生成论。他们创立了"道"学系统。墨子与老子、孔子一样，反思文明源头，思考天人性命问题以及文化制度对于人的限制问题。儒家之有孟子与荀子，犹如道家之有庄子。法家商韩之学从道家转出而成一家之言，名辩思潮与阴阳家等更是自成一格。特别值得注意的是，《易传》的天地人三才系统，其宇宙生命、气化流行、继善成性、德业双修论，是儒道思想的大综合。

2.秦汉卷

本卷包括秦朝和两汉的哲学。秦朝的哲学主要

是法家思想，商鞅、韩非、李斯和秦始皇是形成秦
国、秦朝法家思想的关键人物，从秦国到秦朝，法
家的思想也在不断发展和变化。这一发展和变化既
导致了秦国统一天下，建立了强大的中央集权制政
府，又最终导致了秦朝的迅速瓦解和灭亡。同时，
随着秦国的日益强大和统一的日趋临近，以吕不韦
为代表的一派统治集团也在努力寻求一种综合和融
贯诸家思想的新哲学来指导天下统一后的新朝代的
统治，这包括新王朝合法性的论证和如何维护和治
理天下。

秦朝的迅速灭亡为汉代特别是汉初哲学和思想
的发展提供了反思的前提和动力。西汉的哲学是围
绕王朝的合法性以及政体和治道展开的。汉得水德
还是土德，再或者是得火德？这是整个西汉围绕汉
朝的合法性根源而一直在争论的问题。而这一问题
进而影响到具体政治制度和礼乐制度的设计。与此
同时，经学家也在利用三统说对于汉朝的合法性作

论证，及对其历史存在本质进行刻画。西汉的哲学从初期崇尚黄老思想到中期武帝"罢黜百家，表章《六经》"、建立儒家的意识形态，这既是历史的选择，也是诸家竞争的结果。从西汉中期到西汉末季，哲学形态经历了从经学化的哲学到谶纬化的哲学的巨大转变。同时，黄老哲学在西汉中后期仍然在发展，天道观（宇宙论）获得了突破，医学哲学理论达到了高峰。陆贾、贾谊、董仲舒、刘安、司马谈父子、刘向父子、严遵和扬雄，黄老哲学、易学哲学、医学哲学和宇宙论哲学都是西汉哲学史的重要论述对象。

东汉哲学一方面是西汉哲学的继续和批判，另一方面它发生了宗教性的转向。桓谭深化了形神问题的讨论，王充建立了自己的批判哲学，特别是以"自然"概念为基础建立了其自然哲学，而张衡完善了浑天说及其理论表述。《白虎通》总结了汉代经学和儒学的成就，是汉代儒家理论和国家意识形态最为系统、完善而简明的表述。东汉后期的哲学以易学哲学和道教哲学为代表。易学哲学的象数化，以及象数的烦琐化，这为《周易》经学的未来解释提供了反思的理由，于是王弼批判汉代易学的方法论，开创了易学的义理之学。在汉末，以汉代元气论的哲学发展成就为基础，综合神仙、方术、民间信仰等内容，形成了所谓道教哲学。此外，王符、崔寔、仲长统、徐干等人推进了政治哲学的发展，而荀悦推进了儒家人性论的发展。

3.魏晋南北朝卷

本卷主要涵盖魏晋南北朝时期的哲学历程。受梁启超"时代思潮"理论的启发，本卷主张将魏晋南北朝时期的整个哲学发展进程视作一个完整的"时代思潮"。作为"时代思潮"，自然有其缘起、初显、高潮、延展、平复、余韵等一系列阶段，同时不乏主流、旁支等复杂系统的演进。玄学无疑是这一"时代思潮"的主流；正因为如此，学术界通常将魏晋南北朝时期的哲学历程化约为"魏晋玄学"。
玄学的主流地位，一方面表现为自汉末至东晋时期
不断有伟大的玄学家涌现，推动着玄学持续走向更
深更广的领域，产生了一系列具有重大学术价值的
理论成果，代表了这个时代思想文化的最强音；另
一方面还体现在玄学的影响力逐渐辐射开来，不仅
深刻地塑造着这一时期的精神气质与社会风尚，而
且在相当大的程度上影响了本时期的佛教、道教以
及儒学。

本卷按照横、纵两条线索展开：

就横向的线索而言，魏晋南北朝时期哲学的主
要形态有三种，即作为时代思潮主流的玄学、作为
旁支的玄学化的佛教和同样作为旁支的玄学化的儒
学。三者有主有次，相互影响、彼此竞争，共同推
动了魏晋玄学思潮向社会生活的各个方面蔓延。因
此，本卷在整体结构上包括以下三篇："《易》《老》
《庄》会通的玄学""魏晋时期的佛教哲学""玄化的

儒家哲学与儒家经典之梳理"。

就纵向的线索而言，无论主流抑或旁支，在时代思潮的涌动下，均展现出各自的缘起、初显、高潮、延展、平复、余韵等不同发展阶段。所以，本卷通过对三者的动态思想过程的描述，揭示"魏晋玄学"这一时代思潮在不同阶段的转进及其特质。

4.隋唐卷

本卷系统阐述隋唐时期中国哲学史的诸多面向，分别以儒、释、道三家为基本纲宗，根据内容的需要，以人物或主题为中心，就隋唐时期的儒释道三家哲学思想进行全面阐述。隋唐儒家哲学思想创造相对薄弱，本卷分别以颜之推、王通、韩愈与李翱的作品思想为中心，分析了隋唐儒学如何会通佛、道来开展心性之学，以及重建儒家的道统。隋唐佛教在哲学思想的组织与创作方面形成了隋唐哲学史上最为灿烂的一页。

隋唐佛教思想的创立，可以看作是在延续与解决六朝佛教思想中的遗留问题，而又融合了新的经教，并有系统地统合而成的思想宗派。本卷以三论、天台、华严、法相唯识等宗派哲学思潮为主，分别阐明各家学说重要的哲学观念与思想特色。对于最具有中国特色的禅宗哲学，则从不同以往研究的视角与问题意识，做出了新的阐发。如对于顿渐、游戏三昧等思想问题的研究都别出新意，在哲学史论述方面有新的突破。

中国道教的思想至隋唐可谓枝繁叶茂，恢廓宏通。这一时期解老注庄之学辈出，形成了唐代新的老学和新的庄学。本卷阐明了隋唐五代的道教经历的由自然物理及其宇宙本体的关心到对生命现象及其本体论的转向，也就是外丹道教向内丹道教的转变。同时，也对隋唐道教的"重玄"学进行了新的哲学讨论。书中分别对成玄英、李荣的重玄哲学、王玄览的《玄珠录》、司马承祯的道性论与修养论、吴筠的道治论与神仙学、杜光庭与罗隐的道教思想，乃至唐玄宗的道教重玄思想等都做了系统的介绍与辨析。

5.宋元卷

宋、元时期，中国的社会历史文化得到长足的进步与发展。社会历史文化的进步，使得宋、元哲学特别是两宋哲学在中国哲学发展的历史长河中形成了一个波峰。宋、元哲学，不论其学术追求还是其理论建构，都是以复兴与拓展儒学的形式完成的。这种复兴与拓展，既涵括哲学家们对儒学自身发展的历史总结，又涵括哲学家们对佛学、道家、道教理论的批判、借鉴与吸纳。北宋道学的兴起，即是这种以融会儒、佛、道之学为特征的宋、元哲学成型的标志。因此，本卷考论宋、元哲学，既注意把握宋、元哲学衍生发展的时代条件、思想趣向、学术渊源与理论追求，也注意清理宋、元哲学衍生发展的历史脉络与逻辑线索；既注意以中国哲学的传统概念、范畴来概括宋、元哲学的思想内容与理论

系统，也注意从本体、功夫，或发展、知识、价值
的角度辨析宋、元哲学的理论得失。在这种考论与
辨析中，作者既注意借鉴已有的宋、元哲学研究成
果，尤其是"五四"以来宋、元哲学的研究成果，
又注意突显作者在新的时代条件下，对宋、元哲学
经典的考论诠释，以及对宋、元哲学理论价值的理
解评断。鉴于本丛书的学术版性质，作者在对宋、
元哲学的考察论析中，对于宋、元哲学指称的流变、
派别的区划，以及各家思想源流的解析、历史地位
的评断之类在学术界尚存歧义的问题也不取回避态
度，而是尽可能地阐释自己的理解；希望对读者深
入了解宋、元哲学的历史发展，能够有所启发，有
所帮助。

6.明代卷

宋明理学是中国传统哲学发展的高峰，但在宋
明之间，又存在着"得君行道"与"觉民行道"的
不同追求。之所以会形成这一差别，主要是由宋明

两代不同的政治生态造成的。宋代皇室尊士，前越汉唐，后逾明清，因而宋代士人也就形成了一种以天下为己任的精神，表现在理论上，成为朱子的天理本体论体系；明代皇权则一直将士人作为防范与打压的对象，因而从肩负"道统之传"的曹端起，就特从古册中翻出古人公案，并将理学引向"造化之理"的方向，继起的薛瑄则终生检点于言行之间；待到吴与弼、陈献章，则只能以林下讲学的方式另拓生存空间。明儒的这一格局，也就表现为在总体继承朱子学基础上的两种不同的内在化走向：聚焦于朱子理气关系的一系，通过对理先气后的反复辨析，最后形成理之内在于气的气学，并通过罗钦顺、王廷相与吴廷翰的继起探讨，将天理演变为天地万物的生存演化之理，这就形成了一种认识论的走向；而聚焦于朱子格物致知的一系，则通过不断地探讨"吾此心与此理"的"凑泊吻合处"，因而又形成了以主体性著称的心学，但由于其主体精神不得不受挫于明代的政治生态，最后则只能通过"本心即理"
的方式走出一条"自觉觉他"的"觉民行道"之路。
由此之后，又经过阳明后学之浙中、泰州与江右学
派的相互批评与继起纠偏，从而将儒家心性之学推
向高峰。至于东林学派之朱王互救其失、刘宗周之
总评明代学术，则又构成了心学与气学的一种历史
性总结。

7.清代卷

清代哲学大体上可以分为三个阶段，即清初、
清中叶与鸦片战争前后三个阶段，其中清中叶时期
的哲学，即学术史上所说的乾嘉时代的哲学为清代
哲学的典型形态。而清初与鸦片战争前后的哲学，
均属于清代哲学的过渡阶段。

本书认为，清初哲学在哲学性质上属于"后理
学时代"的哲学，黄宗羲、王夫之、顾炎武等人的
哲学思想，基本上是以宋明哲学的批判者的姿态出
现的，他们的哲学命题、范畴概念主要都来自宋明

理学，但往往是以反命题的形式出现的，有些范畴、概念的具体规定与内涵是不同的，甚至是相反的。"后理学时代"最重要的三位哲学家都是气一元论的哲学家。

本书认为，乾嘉时代的哲学以道论为其形上学，以"人文实证主义"为其方法论，经学家戴震与史学家章学诚是该时代哲学的两面旗帜。戴震开创了中国古典哲学的语言学转向，章学诚开创了历史文化哲学学派。"后戴震时代"的哲学主要在锻造哲学思考的语言学（Phiology）工具，在哲学思考的规模与深度方面反而有所弱化。章学诚的哲学在当世没有多大的影响，但对龚自珍及近现代历史哲学产生了深刻的影响。

本书认为，龚自珍是清代哲学转折的关键人物，他既是乾嘉哲学的终结者，也是新哲学的开创者。他的"农宗"哲学思想，实际上是中国古典的朴素的历史唯物主义思想。魏源是近代中国初期睁眼看世界的第一位思想家，他不只是提出了"师夷之长技以制夷"的命题，其实也较为全面地提出了向西方学习的系统主张。

8．现代卷

本卷所涉时段上起晚清改良维新之际，下迄中华人民共和国成立前夕，论述了这一时段最能代表时代精神或哲学成就最高的近三十位哲学思想家，诸如王韬、郑观应、严复、康有为、谭嗣同、孙中山、章太炎、王国维、李大钊、陈独秀、李达、艾思奇、毛泽东、胡适、梁漱溟、张君劢、熊十力、冯友兰、贺麟、张东荪、金岳霖、洪谦、张岱年、李石岑、方东美、朱谦之等，表现了这些哲学思想家在"三千年未有之大变局"的时代背景下，对于强势的现代西方文化和式微的中国传统文化所作的深沉思考、慎重取舍和精心建构，以及采取自由主义、文化保守主义、马克思主义等不同立场的哲学思想家之间具有深远启迪意义的思想论争，由此凸显了这一时段哲学思想承上启下的历史地位，展示了中国传统文化的现代转化历程，为当代哲学的发展提供了可资借鉴的思想资源，在一定程度上揭橥了中国文化思想的应然走向。

9.少数民族哲学卷

写出一部名副其实的"中国哲学史"或"中国哲学"，一直是中国哲学界面对的问题和努力的方向。本卷的基本诉求即是为了在"中国各民族内部的哲学关系"上写出名副其实的"中国哲学"，也就是在"中国哲学"的通史性论述中反映中国各少数民族哲学的内容。本卷以"民族哲学研究与中国哲学的未来之路"为基本出发点，谋求用中国少数民族哲学开拓中国哲学史的未来之路，以形成涵盖各民族哲学的中华民族哲学史新传统。为此，本卷探讨了"中国少数民族哲学的研究方法"，并强调了"全球性现代化视域的少数民族哲学自觉"，从而概观"中国各少数民族哲学研究"，从中国少数民族哲学起源的类型、起源的历史文化基础、起源期的主要成果等方面分析了中国少数民族哲学起源的相关问题；从宇宙与人类起源的本体探索、个体与人类生存的终极关怀、自然生命与文化生命的终极选择等方面阐明了中国少数民族哲学起源的思维内容；从哲学起源的漫长历史过程、哲学与原始文化的接榫点、文化精神与哲学特质、历史跳跃与哲学转型方面论述了中国少数民族哲学起源的民族特色。以此为基础，具体阐明了中国少数民族哲学的形成过程、中国少数民族哲学形成期的主要特征、中国少数民族哲学的思想渊源等。鉴于中国少数民族哲学的特殊性，特别论述了中国少数民族的宗教哲学，其中包括原始宗教及其哲学观念、中国化的伊斯兰教哲学、中国藏传佛教哲学与因明哲学等。在此基础上，特别阐明了中国少数民族的哲学文化选择，并对壮族、土家族、傣族、彝族、苗族等民族哲学进行了具体探讨。本卷还根据全球性现代化理论的哲学史方法论意义，阐明了中国少数民族哲学的近现代转型，基本精神是探讨全球变局中的中国少数民族近现代哲学，分析了中国少数民族近现代哲学的历史进程，论述了中国少数民族近现代哲学的问题与思潮，并对中国少数民族近现代哲学转型进行了个案分析，解剖了壮族、回族、满族、白族等民族的近现代哲学转型。

10. 古代科学哲学卷

中国古代知识或科学向度与哲学的关系一直是中国哲学史研究中的薄弱环节，绝大部分著作对于哲学思考中所涉及的科学问题没有给予足够的重视，对于知识或科学活动中的哲学认识或关心同样也没有给予足够的重视。这也正是本丛书的一个重要意义所在。本卷所考察和探讨的就是中国古代哲学与知识或科学的关系，这既包括知识或科学对哲学的影响，也包括哲学对知识或科学的影响。具体来说，它涉及科学活动中的哲学内容，也涉及哲学思考中的科学内容，还涉及哲学与科学共同使用的观念、概念以及思维、方法。当然，本书也涉及知识、理性与神秘主义的关系，这同样是中国古代科学与哲学关系的一个重要特征。

中国古代科学是在原始三代到春秋战国及秦汉这样一个漫长的时间中建立起来的，与此同时，哲学与科学的关系也在其中展开。具体来说，本书将古代中国知识与观念或哲学的关系分成六个时期，分别是：原始与三代、春秋战国、秦汉、魏晋南北朝与隋唐、宋元、明清。在此期间，涉及自然、知识或科学的观念、概念与思想从无到有，然后蔚为大观，其中仅概念就包括：类、象、数、阴阳、五行、气、宜、因、地、时、天、天人、天象、天数、天道、道、中、和、象数、力命、故、理、穷理、格物、致知等等。不难看出，这些观念或概念就是中国哲学的基本范畴，但事实上它们中的许多是在知识活动的基础上发展起来的。因此有理由说，离开了知识视角，一部中国哲学史就无法得到正确的理解和诠释。

三、重点、特色与方法

中外有的专家学者不肯承认"中国哲学"或"中国有哲学"，认为中国顶多只有"思想"。究极地讲，这当然涉及"文化自觉"与"文化自信"的问题。平实地讲，这首先涉及对"哲学"的定义问题。我认为，凡思考宇宙、人生诸大问题，追求大智慧的，都属于哲学的范畴。所谓大问题，即何谓"天"，何谓"人"。关于人在宇宙中的地位、人的尊严与价值、人的安身立命之道等等，都是哲学的题中应有之义。康德曾经区分了两种哲学的概念，一种是宇宙性的，一种是学院式的。其宇宙性的哲学概念，即把哲学当作关乎所有知识与人类理性的基本目的之关系的学问。这种定义把哲学视为人类为理性立法的学问，或视为人类探求终极价值的学问。这恰好符合儒家的"至善"观念及北宋张横渠的"四句教"："为天地立心，为生民立命，为往圣继绝学，为万世开太平。"

我们不仅一般肯定"中国哲学"或"中国有哲学"，而且还特别肯定"中国哲学"有其特性与优长。我们强调"中国哲学"学科的自立性或自主性。时至今日，中国哲学靠依傍、移植、临摹西方哲学或以西方哲学的某家某派的理论与方法对中国哲学的史料任意地"梳妆打扮""削足适履"的状况已经成为过去了。

《中国哲学通史》丛书研究的重点源于中国哲学关注的主要向度：一是人与至上神天、帝及天道，人与自然或祖宗神灵，即广义的天人、神人关系问题；二是人与宇宙天地（或地）的关系，是宇宙论，尤其是宇宙生成论的问题，包括今天讲的人与自然的关系；三是人与社会、人与人、自我与他人的关系，社会伦理关系问题；四是性与天道、身与心，心性情才的关系问题，君子人格与人物品鉴，修养的工夫论与境界论等；五是言象意之间的关系，象数思维，直觉体悟的问题；六是古今关系即社会历史观的问题。司马迁讲"究天人之际，通古今之变，成一家之言"，除天人问题外，中国人尤重社会政治与历史发展，关注并讨论与古今关系相联系的诸问题。这些都是中国哲学的题中之义。

在这样的哲学问题与问题意识下，中国哲学中的天人关系论、宇宙生成论、群己关系论、治身治国论、天道性命与心性情才论、德性修养的工夫论与境界论、知行关系与古今关系论、由道德直觉到智性直观等论说，比较发达。这些就是我们论述的重心。

中国哲学有什么特点？在前贤探讨的基础上，我把中国哲学的精神与特点概括为以下七点：存有的连续与生机的自然、整体和谐与天人合一、自强不息与创造革新、德性修养与内在超越、秩序建构与正义诉求、具体理性与象数思维、知行合一与简易精神。[1]

本丛书有如下特点：

一、问题意识与方法论的自觉。作为主编，我在第一卷前写了两万多字的《导论》，论述了中国哲学的问题、分期、特质与研究方法论等。问题意识与研究方法贯穿全书。

二、内容丰富，通贯百家，着力梳理了历史上不同流派、著名哲学家的主要典籍与范畴系统，并予以建构。

三、重视重释老材料，发现新材料，并以新观念与新的诠释方式做新解读，突显理论创新，可谓新老材料、新方法、新观点统合出的新成果。

四、言说与体验的统一。强调逻辑、理论系统的建构，又对哲学史上诸家的生命、生活有平情的

1　参见郭齐勇著：《中国哲学通史·先秦卷》，南京：江苏人民出版社，2021年6月，第10—19页。

理解，设身处地，转换时空，把生活与哲学打成一片，减少现代人对往哲的隔膜。

作者们自觉哲学史与思想史的区别，借鉴思想史的方法，补哲学史之不足，真正重视对当时的观念世界与社会生活世界起了重要作用的人物及其生活场景，同时又重在哲学提炼，因为毕竟是哲学史而不是思想史、学术史。作者们自觉哲学史的范围与对象问题，强调史料的重要性，尤其重视对史料做哲学的分析。

作者团队坚持两个继承：一方面，继承胡适、冯友兰以其各自的哲学史著作而为这门学科的建立所做的奠基性工作。另一方面，也在更高的层面上辩证地继承1949年以来有关中国哲学史的工作，如张岱年、任继愈、冯契、孙叔平、萧萐父、李锦全、汤一介、李泽厚、陈来等专家们的耕耘。本书重视对此前及当代中哲史学术成果的关注、借鉴与提升。

在本书出版之前，我国学界尚没有全面系统的

中国哲学通史；侯外庐先生主编的是《中国思想史》
而不是哲学史，没有续完；任继愈先生主编的《中
国哲学发展史》因种种原因也没有续完。本书是从
先秦至现代相对完备的中国哲学通史，在可见的未
来一段时间内，可能难以有同类的新成果可以取代。

　　本书的作者对中国哲学史上重要的思潮、流派、
人物、著作在发展过程中与社会历史文化密切的关
联有深度理解，并通过提炼的功夫，把关注度聚焦
于哲学问题、命题、概念、范畴及其演变史，做了
有深度的发掘和探索，提出了新的见解。

　　本书作者都有个案研究基础，在此基础上对本
卷哲学史上的代表性人物及其代表性著作，做了深
入的评析和阐释。我在邀请各卷主要作者时，充分
考察了作者对本卷典范人物所做个案及断代研究的
基础，特请各作者在原有基础上更上层楼。

　　关于哲学史观与方法论：

　　对于上一辈与我们这一辈中外哲学史工作者来

说，黑格尔与马克思的"逻辑与历史相一致"的哲学史观与方法论原则，是深入到骨髓中、很难动摇的。当然，我们今天所强调的，与 20 世纪 80 年代所坚持的，侧重面及程度等都有所不同。过去是逻辑偏胜，今天我们更重历史的样态；过去喜欢画逻辑圆圈，今天更喜欢爬梳历史的细节。本人在主编本套哲学通史时，在坚持逻辑与历史统一的前提下，有意识地希望各位作者重视历史的细微末节处，去做深入考察。没有生动丰富多样的历史材料，凭什么抽绎出相应的逻辑？当然，反过来，没有逻辑线条，只是堆砌的材料，又如何梳理出史论统一的哲学史？

我们强调第一手原始资料的爬梳诠释，对已有主要研究成果的消化扬弃，充分吸收百年来特别是 70 年来发现的新资料和研究的新成果、新方法，同时强调要有着自己的创新洞见，做到既扎实厚重，又见解卓特，力求突破传统的中国哲学史的写作框架。我们对新出土的简帛资料及其研究成果格外重视。

30多年来，哲学界流行的是中国经典诠释的方法学，这已成为新的主流的中国哲学史方法学，也是本书主要的方法学。在经典诠释中，作者们抓住"范式"及其转换、变迁，进而深入阐发。

中国哲学发展到今天，已经到了对它进行反思的时候了。我们现在的知识背景已经与以往不同，相应地，人们对中国哲学的看法也有不同。我们在回应西方的同时，注意展开与西方的对话，因为人类会面临一些共同的问题。对这些问题的处理，反映到我们的哲学史的重新创作的过程中。作者们找到一些比较重要的哲学问题或范畴，并将之作为贯穿全书始终的主线，这是本丛书的一个亮点。

我们采用开放的方式，不强求一律，以各作者自己习惯的方式做研究与写作。大体上也可以说，我们采取了解释学的方式与追问的方式。解释学的方式是我们同情地理解前人的思想，置身历史情境中去理解；追问的方式是我们的价值观念要在其中有所体现，之所以追问，是因为这些问题对我们有意义。

写哲学史面临着内在矛盾：一方面，哲学史创作应该注意厘清哲学自身发展的历史脉络，追求文本的真实意义；另一方面，如果我们没有一个自己的评价系统，就不可能架构起哲学史，而只会陷入到史料之中。作者们谨慎处理这对矛盾，力求做到既体现出我们研究的深度，又尊重哲学史的客观发展进程。

我们的《中国哲学通史》力求做好材料的甄别，如实地表述，同情地理解，中肯地评价。在如实地表述和同情地理解的基础上，对于对象予以评价，体现我们这部哲学史对于前人的发展和超越。我们的评价力求中肯，避免厚诬古人，要言不烦，点到为止。

　　这部哲学通史肯定有不尽如人意处，错误与缺失在所难免，请读者们不吝指正。

附录

郭齐勇著作目录

1. 专著

《熊十力及其哲学》，北京：中国展望出版社，1985年12月；增订版改名《熊十力与中国传统文化》，香港：天地图书公司，1988年8月；台北：远流出版公司，1990年6月。

《文化学概论》，武汉：湖北人民出版社，1990年2月；武汉大学出版社，2014年9月。

《熊十力思想研究》，天津：天津人民出版社，1993年6月；新版改名《熊十力哲学研究》，北京：人民出版社，2011年10月。

《天地间一个读书人：熊十力传》，台北：业强出版社，1994 年 11 月；上海：上海文艺出版社，1994 年 11 月；新版改名《熊十力传论》，北京：中国社会科学出版社，2013 年 1 月。

《传统道德与当代人生》，武汉：武汉大学出版社，1998 年 2 月。

《诸子学志》（与吴根友等合著），上海：上海人民出版社，1998 年 10 月；新版改名《诸子学通论》，北京：商务印书馆，2015 年 5 月。

《中国儒学之精神》，上海：复旦大学出版社，2009 年 1 月。

《传统氤氲与现代转型——中西文化三人谈》（与温伟耀、赵林合著），上海：上海人民出版社，2012 年 4 月。

《现当代新儒学思潮研究》，北京：人民出版社，2017 年 9 月。

《中国文化精神的特质》，北京：生活·读书·新知三联书店，2018 年 5 月；香港：生活·读书·新知三联书店，2019 年 3 月；马来西亚：SPLENDOR PRESS（M）SDN BHD，NEW CLASS–IC PRESS 2021（马来文版）；新加坡：Springer Nature Singapore Pte Ltd. 2021（英文版）。

《中国人的智慧》，北京：中华书局，2018 年 8 月。

《中华传统文化百部经典·礼记》，北京：科学出版社，2020 年 12 月。

《中国哲学通史·先秦卷》，南京：江苏人民出版社，2021 年 6 月。

2. 文集

《郭齐勇自选集》，桂林：广西师范大学出版社，1999 年 3 月。

《儒学与儒学史新论》，台北：台湾学生书局，2002 年 10 月。

《中国哲学智慧的探索》，北京：中华书局，2008 年 4 月。

《中华人文精神的重建：以中国哲学为中心的思考》，北京：北京师范大学出版社，2011 年 10 月；北京：商务印书馆（修订版，分为《传统文化的精华》《中国哲学的特色》两种），2020 年 11 月。

《守先待后：文化与人生随笔》，北京：北京师范大学出版社，2011 年 11 月。

《道不远人：郭齐勇说儒》，贵阳：孔学堂书局，2014 年 7 月。

《儒学与现代化的新探讨》，北京：商务印书馆，2015 年 5 月。

《儒学新论：郭齐勇学术论集》，贵阳：孔学堂书局，2015 年 10 月。

《中国思想的创造性转化》，上海：上海教育出版社，2018 年 12 月；2021 年 4 月 2 版。

《大家小书·儒者的智慧》，北京：北京出版社，2019 年 3 月。

《郭齐勇新儒学论文精选集》，台北：台湾学生书局，2020 年 5 月。

《中国哲学史十讲》，上海：复旦大学出版社，2020 年 6 月。